MER BALTIQUE.

CÔTE DE PRUSSE.

DE MEMEL À DARSERORT.

PUBLIÉ

PAR LE SERVICE DES INSTRUCTIONS,

SOUS LE MINISTÈRE DU CONTRE-AMIRAL MARQUIS DE MONTAIGNAC DE CHAUVANCE,

MINISTRE DE LA MARINE ET DES COLONIES,

MEMBRE DE L'ASSEMBLÉE NATIONALE.

PARIS.

IMPRIMERIE NATIONALE.

M DCCC LXXV.

PRIX : 2ᶠ 50ᶜ.

N° 548.

MER BALTIQUE.

CÔTE DE PRUSSE.

DE MEMEL À DARSERORT.

LIBRAIRES

CHARGÉS DE LA VENTE DES PUBLICATIONS

DU DÉPÔT DE LA MARINE.

PARIS :

CHALLAMEL AINÉ,

Rue des Boulangers, 30, et rue Jacob, 5;

ET SES REPRÉSENTANTS :

DUNKERQUE	Mme Théry. / Herrebrecht.	MORLAIX	Haslé.
CALAIS	Demotier.	BREST	Lefournier frères.
BOULOGNE-SUR-MER	Victor Macquet. / Merridew.	LORIENT	Baumal. / Charles.
DIEPPE	Quesnel.	NANTES	Mme Veloppé.
FÉCAMP	Mme Ve Quitard.	SAINT-NAZAIRE	Mme Blanchet.
LE HAVRE	Spinola. / Vissière.	SABLES-D'OLONNE	Mayeux.
ROUEN	Métérie.	LA ROCHELLE	E. Hairitau.
HONFLEUR	Mlle Caillot.	ROCHEFORT	Valet.
CAEN	Kaeppelin.	BORDEAUX	Mme P. Chaumas. / Sauvat.
CHERBOURG	Le Poittevin et Henry.	BAYONNE	P. Cazals.
GRANVILLE	Mme Dufruit.	CETTE	Singlard.
SAINT-MALO	V. Coni fils.	MARSEILLE	Trabaud et Rabier neveu.
SAINT-SERVAN	Mme Derrien.	TOULON	Runnèbe aîné.
SAINT-BRIEUC	L. Prudhomme.	NICE	Mme Augustine Grosso.

ALGER	Adolphe Jourdan.	ORAN	Alessi.
AMSTERDAM	Van Bakkenès et Cie.	PAPEETE (Îles de la Société)	A. L. Gillet
ANVERS	Max. Kornicker.	RIO DE JANEIRO	B. L. Garnier.
CADIX	Verdugo et Cie.	SAINT-DENIS (Réunion).	Michel Vally.
CONSTANTINOPLE	H. Weiss.	SAINT-PAOLO (Brésil).	A. L. Garreaux.
FLORENCE	Bocca frères.	SAINT-PÉTERSBOURG.	Jacques Issakoff.
GÊNES	Louis Beuf.	SAINT-PIERRE et MI-QUELON	Birosse.
HAMBOURG	Friederischen et Cie.	STOCKHOLM	G. D. Malmberg.
LISBONNE	Afra et Cie.		
LONDRES	J. Imray et fils.		
NAPLES	Detken et Rocholl.		
NOUMÉA (N^{lle}-Calédonie).	Th. Boizot.		

MER BALTIQUE.

CÔTE DE PRUSSE.

DE MEMEL À DARSERORT.

PUBLIÉ

PAR LE SERVICE DES INSTRUCTIONS,

SOUS LE MINISTÈRE DU CONTRE-AMIRAL MARQUIS DE MONTAIGNAC DE CHAUVANCE,

MINISTRE DE LA MARINE ET DES COLONIES,

MEMBRE DE L'ASSEMBLÉE NATIONALE.

PARIS.

IMPRIMERIE NATIONALE.

M DCCC LXXV.

AVERTISSEMENT.

Cet ouvrage contient des instructions pour naviguer sur les côtes de Prusse, depuis la frontière de Russie jusqu'à la pointe Dars; ces instructions, qui formaient une partie du *Pilote de la mer Baltique*, publié par le Dépôt de la marine, sont extraites en grande partie du *Svenske Lotsen eller Vägledning i Östersjön;* elles ont été corrigées par M. Massias, capitaine de frégate, avec les renseignements publiés en 1870 et 1871 par le Gouvernement allemand dans les *Nachrichten für Seefahrer,* et complétées jusqu'en 1875 avec les documents recueillis au Dépôt par le Service des Instructions.

Le Chef du Service des Instructions,

A. LE GRAS.

TABLE DES MATIÈRES.

MER BALTIQUE. — CÔTE DE PRUSSE.

DE MEMEL À DARSERORT.

AVIS IMPORTANT.

———

Dans cet ouvrage, les routes, les relèvements, les gisements de côte, sont rapportés au méridien *vrai*, excepté dans les endroits où ils sont indiqués comme étant magnétiques.

On a donné aux vents la direction *vraie* de laquelle ils soufflent, et aux courants celle vers laquelle ils portent.

Les distances sont exprimées en milles marins de 10 encablures ou de 60 pour 1 degré de latitude; les encablures sont comptées pour 185 mètres.

Les sondes sont données en mètres ou fractions de mètre.

MER BALTIQUE.

CÔTE DE PRUSSE.

DE MEMEL À DARSERORT.

VARIATION :

Memel.......... 7° 30′ N. O. | Danzig.......... 8° 20′ N. O.
Pillau.......... 8° 00′ N. O. | Swinemünde...... 11° 10′ N. O.
Darserort................ 12° 20′ N. O.

Elle diminue de 9′ à 10′ environ annuellement.

C'est à 1 mille au Sud du village de Polangen et près de Nimmersatt que se trouve la frontière de la Russie et de la Prusse. La Prusse possède sur la mer Baltique une étendue de côtes de 155 milles environ, généralement basse et sablonneuse, défendue contre les inondations par des dunes de sable ou par des digues artificielles. Il n'y a, au reste, ni île pouvant offrir quelque abri ni bancs dangereux durant toute cette longue étendue de terre, qu'on peut considérer comme saine, les îles Wöllin, Usedom et Rügen, les plus importantes, n'étant séparées du continent que par des canaux très-étroits. Tous les ports de la Prusse sont des embouchures de rivières difficilement accessibles sans de grandes précautions à cause du mouvement des sables à leur entrée, mouvements des sables qui sont tous les ans la cause de nombreux sinistres. Ces ports ne peuvent admettre que des bâtiments d'un tirant d'eau moyen ou de petits navires, à cause de leur peu de profondeur; en outre, l'absence de marée et l'eau douce provenant des rivières sont cause que la mer est fort souvent glacée pendant l'hiver. Néanmoins, et grâce au développement de ses côtes, aux grands fleuves qui traversent tout le royaume, le commerce maritime de la Prusse est très-florissant, et ses ports de mer donnent lieu à un mouvement maritime important; elle prend en outre la part la plus active à la navigation du Rhin.

En 1869, la marine marchande de la Prusse se composait de 1,460 navires, jaugeant ensemble 406,732 tonneaux, dont 970 au-dessus de 80 tonneaux, 383 au-dessus de 80 tonneaux pour le cabotage, 29 bâtiments à vapeur de mer de 8,144 tonneaux et 78 de rivière de

3,100 tonneaux; en outre, il y avait sur les chantiers dans les diffé-
rents ports de construction, au commencement de 1869, 41 navires
de 13,920 tonneaux environ. Les principaux ports armateurs sont Danzig, Stettin, Stralsund, Greifswald, Pillau, Memel. Tous les ports sont
pourvus d'un système de signaux pour assurer la sécurité des navires
qui sont forcés d'y entrer sans pilotes par les mauvais temps. Des services de pilotes sont organisés dans tous les ports, et il y a des bateaux
de sauvetage à l'entrée de ceux dont les barres offrent le plus de difficultés [1].

La **CÔTE DE PRUSSE**, au Sud du bois de Polangen, est basse et
uniforme; cependant, à 5 milles au Nord de Memel, il y a un morne
boisé remarquable, nommé Holländische Mütze ou Bonnet Hollandais,
situé au bord de la mer; il est d'autant mieux visible que tout le pays
environnant est bas et plat, et qu'il a une teinte noire très-prononcée.
Il est important de ne pas confondre ce bois avec celui de Polangen,
ce qui pourrait arriver par un temps couvert; le premier est par
55° 48′ N. Memel, qui vient ensuite, est également sur un terrain bas,
mais le phare, qui est à 1 mille ½ au N. O. de la ville, se voit d'une
grande distance au large, et c'est l'amer que l'on aperçoit ordinairement le premier quand on vient de l'Ouest pour prendre le port (voir
la vue N° 4, planche I). Au Sud de Memel la côte est formée par le
Kurischen Nehrung : on nomme ainsi un isthme de sable courbe de
52 milles de longueur et dont la largeur varie entre 2 milles et quelques encablures. Il consiste dans toute son étendue en dunes de sable
n'offrant aucunes ressources pour la culture, et il n'est habité que
par des pêcheurs et des pilotes; la plus grande partie des bois qui le
couvraient ayant été abattus, il est exposé à toute la fureur des vents,
qui soulèvent des tourbillons de sable et changent sa forme et son
aspect. Les objets les plus remarquables sur l'isthme sont : les dunes
nommées Kriesacken, le bois de Schwarzort à 10 milles au Sud de
Memel, la tour à feu de Nidden, et vers son extrémité Sud (voir
la vue n° 5, planche I), à 20 et 25 milles dans l'Est de Brüsterort,
les églises de Sarkau et de Kranz, qui se voient d'une assez grande
distance. Quand on est plus rapproché on aperçoit le bois de Sarkau,
qui est entre ces deux villes, et dont la couleur sombre tranche bien
avec les sables de l'isthme. A l'Ouest de Kranz, où la côte se dirige
droit à l'Ouest jusqu'au cap Brüsterort, on voit encore quelques dunes
de sable boisées, après quoi les terres s'élèvent peu à peu jusqu'au
cap, sur lequel il y a un phare dont la tour octogonale et blanche est

[1] Voir les cartes de l'Hydrographie française N° 2593, Côte de Russie, de memel à Libau; N° 2592, Côte de Prusse, de Brüsterort à Memel; N° 2303, Carte de la mer Baltique, et N° 2273, Côte de Prusse, de Kolberg à Libau.

un bon amer; la côte est de roche près de Rantau, ainsi que dans la baie qui est à l'Est de ce cap (voir la vue N° 6, planche I). A l'Est de Brüsterort il y a un grand espace couvert de bois, et la côte, qui a 35 mètres de hauteur environ, est de roche également et coupée à pic vers la mer. Trois phares éclairent cette partie de la côte; ce sont :

Le **PHARE DE MEMEL**, qui est par 55° 43′ 45″ N., 18° 45′ 57″ E., bâti sur un morne au côté Nord du canal en dedans de l'entrée du port et à 1 mille ¾ dans le N. O. du clocher de l'église Saint-Jean; il montre un feu dioptrique *fixe blanc*, élevé de 30 mètres au-dessus du niveau de la mer, et avec une atmosphère claire on pourra le voir de 20 milles entre le N. 8° O. et le S. 8° E. par l'Ouest. La tour, qui a 23^{m}6 de hauteur, est peinte en damiers rouges et blancs, avec 5 meurtrières l'une sur l'autre et une galerie au sommet. En arrière de la tour il y a une grande maison avec un large toit et 3 fenêtres visibles de chaque côté de la tour [1].

Le **PHARE DE NIDDEN** est par 55° 18′ 24″ N., 18° 39′ 51″ E., sur la colline Urbe-Calis, près du village de Nidden, sur le Kurischen Nehrung. C'est un feu *blanc scintillant*, montrant chaque *dix secondes* un éclat de *quatre secondes*; il est élevé de 68 mètres au-dessus de la mer, et avec une atmosphère claire il pourra être vu sur tout l'horizon d'une distance de 22 milles. La tour est octogone, haute de 23 mètres au-dessus du sol. Le cercle éclairé de ce feu coupe celui de Brüsterort à 12 milles de la côte et celui de Memel à 14 milles.

PHARE DE BRÜSTERORT. — Il est construit sur la partie Nord et à pic du cap de ce nom, par 54° 57′ 48″ N., 17° 39′ 3″ E. C'est un feu *à éclats blancs*, montrant son éclat le plus vif chaque *quatre minutes* (fixe, 3 minutes; éclipse, 28 secondes; éclat, 4 secondes; éclipse, 28 secondes, etc.); il est élevé de 59^{m}40 au-dessus du niveau de la mer, et avec une atmosphère claire on pourra le voir d'une distance de 20 milles entre le S. 37° O. et le S. 43° E. par l'Ouest, le Nord et l'Est. L'appareil d'éclairage est dioptrique et du deuxième ordre. La tour, qui a 25^{m}80 de hauteur, est peinte en rouge et de forme octogone avec dôme noir. Lorsqu'on est à moins de 8 milles, on voit toujours une faible lumière dans les intervalles des éclats.

SONDES. — Devant Polangen, au Nord et au Sud de cette ville, il y a quelques bancs isolés avec 9^{m}1 d'eau, qui s'étendent à 2 milles

---

[1] Consulter, pour les feux, la dernière édition de la série A, N° 216, publiée par le Dépôt des cartes et plans de la marine, et qui est conforme à l'état des feux publié par le Gouvernement allemand.

au large ; mais le plus dangereux est un plateau avec 2ᵐ 70 d'eau seulement, qui a 1 mille de longueur du Nord au Sud et ½ mille de largeur ; étant sur la tête de 2ᵐ 70, on relève l'extrémité Sud du bois de Polangen au N. 63° E., l'église de Polangen à l'E. 7° S., le bois de Nimmersatt au S. 25° E. environ. Il y a 7 mètres d'eau le long des bords de ce danger. Pendant la nuit, tenez-vous par des fonds de 18 mètres au moins. Devant le Holländische Mütze il y a également deux hauts-fonds isolés, l'un avec 8ᵐ 23 et l'autre avec 9ᵐ 1, qui gisent à un peu moins de 2 milles de distance au large. Il sera donc prudent, quand on prolongera cette partie de la côte de Prusse, d'en passer à 3 milles au moins, ou par des sondes de 20 à 22 mètres si on ne voyait pas la terre.

Dans le Sud de Memel et le long du Kurischen Nehrung, la côte est accore ; il y a 6 et 7 mètres d'eau à 3 et 4 encablures et 18 mètres à 1 mille. Cette côte est basse et difficile à voir ; par un temps brumeux, ou de nuit, si on n'apercevait pas bien le feu de Nidden, il serait prudent de rester par des fonds de 30 à 32 mètres. Dans la baie, entre Sarkau et Rantau, les fonds sont de roche. Il en est de même autour du cap Brüsterort ; au Nord du cap, la sonde donne 36 mètres d'eau à 2 milles ½ de la terre seulement : il faudra donc, la nuit ou avec un temps brumeux, rester sur ces fonds au moins ; dans l'Est du cap on sera à 3 ou 4 milles quand la sonde accusera 27 à 29 mètres, fond de sable de différentes couleurs.

Le **PORT DE MEMEL**, situé par 55° 43′ 40″ N., est l'embouchure du Kurischen Haff (mer des Cures). C'est un canal qui a un peu moins de 3 encablures de largeur entre la côte ferme au Nord et l'extrémité Nord du Kurischen Nehrung au Sud ; il conduit devant la ville de Memel, où 300 à 400 navires de toute grandeur peuvent s'amarrer entièrement à l'abri du vent et de la mer le long des quais qui bordent la rive Est. La terre ferme, qui ferme le canal au Nord, est bordée par une jetée qui se recourbe au N. O., devant laquelle il y a un banc de sable qui va en s'élargissant vers l'Ouest et qui se prolonge avec quelques sinuosités à 5 encablures environ dans le N. O. de l'extrémité de la jetée, et de la côte jusqu'aux sondes de 7 mètres. Le côté Sud du canal, avec un fort à l'extrémité, est également bordé par un banc de sable qui s'étend au N. O. de la pointe de l'isthme pendant près de 1 mille jusqu'aux sondes de 7 mètres. Le canal qui passe entre ces deux bancs de sable est sinueux, signalé par des bouées, et a environ 200 mètres de largeur du côté de la mer et ¾ d'encablure vers la terre. Quand on le traversera sans pilote, on tiendra compte du courant, qui, selon les circonstances, porte en travers avec une grande rapidité, venant du Nord ou du Sud [1].

(1) Voir le plan de l'Hydrographie française N° 2593 : Port de Memel.

La **barre** qui est devant les jetées varie en profondeur et en direction : quand la glace débâcle au printemps avec des vents d'Ouest ou de N. N. O., la barre ne varie pas; mais si la débâcle a lieu avec un coup de vent de S. E. la glace est entraînée sur les sables et le fond sur la barre est souvent alors bien diminué. La profondeur moyenne de l'eau sur la barre, dans l'entrée du canal qui conduit au port, est de $4^m 92$ [1] (1875), et dans le milieu du canal, entre les deux môles, dans l'entrée du Haff, il y a de $6^m 30$ à $7^m 50$.

Balises. — Pour guider sur la barre et dans le port, outre le phare décrit page 3, on a placé deux balises sur le côté N. E. de l'entrée, près de Bommels Vitte. La plus grande, celle de l'Est, est peinte en noir et reste au S. E. q. E. du phare, à 8 encablures environ : c'est une pyramide formée de fortes barres de fer et à jour, élevée de 45 mètres au-dessus du niveau de la mer, surmontée d'un triangle sur lequel on a fixé un baril horizontal et, par-dessus celui-ci, d'une croix. La balise de l'Ouest est aussi peinte en noir; elle a $34^m 7$ de hauteur et reste à 263 mètres au N. 65° O. (1875) de la balise de l'Est : elle est en bois; un triangle et un baril sont fixés à son sommet. Cette balise peut être abaissée si c'est nécessaire. Un mât de pavillon peint en noir, de $25^m 3$ de hauteur, avec un ballon rouge au sommet, gît un peu plus près de la mer, dans l'alignement des balises et à 45 mètres de distance de la balise extérieure; on peut l'abaisser si cela est nécessaire. Un peu au Nord du phare, près du bois et non loin du bord de la mer, il y a six petites balises, ayant chacune 21 mètres d'élévation et portant des triangles rouges; ces balises sont là pour l'usage des pilotes, au cas où les bouées et les perches qui sont dans le canal de l'entrée auraient été emportées ou enlevées pendant l'hiver.

La **rade** est devant la barre. On trouvera un bon mouillage dans les rades de Memel, par 18 à 22 mètres d'eau, en tenant les balises l'une par l'autre et le Bonnet Hollandais au N. q. N. E.; de nuit on sera sur les mêmes fonds en tenant le feu fixe du phare à l'E. q. S. E. On ne croit pas devoir conseiller de mouiller sur les rades pendant les coups de vent du large, à moins que l'on ne soit en position de doubler la côte en louvoyant; les bâtiments qui mouillent sur ces rades dans ces circonstances fatiguent considérablement à cause de la grosse mer, et les amarres doivent être très-fortes.

PILOTES. — Si on arrive dans le jour et si le temps le permet, on rencontrera le bateau des pilotes de Memel croisant entre 4 et 10 milles de la terre, et on pourra prendre un pilote : c'est un côtre qui porte le

______
[1] Lorsque la jauge de marée du port des pilotes à Memel marque $0^m 32$ d'eau.

pavillon des pilotes de l'Allemagne du Nord en tête du mât et les mots *Memel N° I* dans la grande voile. Si le temps est trop mauvais pour que les pilotes puissent accoster le navire, on amène le pavillon de pilote sur le bateau pilote. Si cependant le vent permet au navire d'entrer dans le port, on hisse un pavillon *rouge* à l'extrémité de la corne du côtre, pour indiquer que le pilote va piloter le navire et que ce dernier doit suivre le côtre. En même temps, à terre, le mât de balise de route est disposé pour faire les signaux dont il est parlé plus loin.

Remorqueur. — Les bâtiments qui auront besoin d'un remorqueur à vapeur pour les remorquer des rades dans le port devront hisser deux ou trois pavillons à la tête de leur mât ou à leur corne et approcher de la bouée rouge extérieure aussi près que possible. Les frais pour le remorquage sont de 3 ou 5 dollars (monnaie de Prusse) pour chaque distance de 2 milles. Le signal pour demander un grand remorqueur à vapeur sera fait avec trois pavillons, celui pour un petit remorqueur avec deux pavillons.

INSTRUCTIONS. — Les bâtiments qui viennent directement du Sund à Memel prennent leur point de départ sur la pointe Nord de l'île Bornholm ; ils passent auprès des îles Ertholms, d'où, en faisant route à l'E. 7° ou 9° N., ils atterrissent directement sur le port. Avec des vents de la partie du Nord il est important de tenir compte des courants qui sortent du golfe de Bothnie et qui portent au Sud quelquefois avec assez de rapidité. Si l'on n'atterrissait pas sur le parallèle de Memel, on pourrait reconnaître la position du navire d'après les indications suivantes. Au Nord de Memel la côte est très-boisée, et on la voit d'une bonne distance, ainsi que le clocher de Polangen, qui gît à 12 milles au Nord de Memel ; le village de Heiligen, qui est à 14 milles au Nord de Polangen, est également reconnaissable, et il est à 4 milles environ dans le Sud des Sevenbergen (vues N°ˢ 1, 2, 3, planche I). Évitez surtout de confondre le bois de Polangen avec le Holländische Mütze, qui est plus au Sud ; ce dernier est plus élevé et paraît coupé en deux quand on le voit du S. O. Quand on est au Nord de Memel, la sonde accuse des fonds de sable grossier, mêlé de petites pierres ; au Sud de Memel, au contraire, et pendant 40 milles environ, la côte n'est formée que de dunes de sable basses, avec quelques bois au milieu et au Sud, et lorsque la sonde accuse 46 mètres d'eau, on trouve du sable fin gris ou jaune ; le feu de Nidden, visible de 22 milles, est un bon point de reconnaissance.

Si l'on a atterri directement sur Memel, on aperçoit tout d'abord le Holländische Mütze ; on l'amène au N. E. q. E. et jusqu'à ce que la sonde donne 40 mètres, sable fin : on aura alors la tour de l'église Saint-Jean à Memel à l'E. q. S. E. et le bois de Schwarzort, qui est à 10 milles au Sud de Memel sur le Kurischen Nehrung, au S. E. q. S. On sera à 8 milles environ dans l'Ouest du port, et on aurait encore le temps de changer de route si, par quelque circonstance de temps ou de mer, on jugeait prudent de s'éloigner de la côte. La position du port bien reconnue, on gouverne dessus; dès qu'on voit la tour du phare, on l'amène à l'E. q. S. E., et, en suivant cette route, on va mouiller en rade quand on relève le Holländische Mütze au N. q. N. E.

Pendant les forts coups de vent de S. O., Ouest ou N. O., on recommande avec insistance aux capitaines qui doivent entrer dans le port, surtout ceux dont les navires ont un grand tirant d'eau, de se tenir en travers à une distance de 40 à 50 milles de la côte, et de ne pas laisser arriver sur Memel avant que le temps se soit embelli. Pendant ces coups de vent, la mer dans les environs du canal de l'entrée est très-grosse et déferle d'une manière extraordinaire et continue. Dans ces circonstances, il est impossible, à moins d'avoir des chances extrêmement favorables, d'entrer dans le port avec sécurité.

Pendant les coups de vent du Sud ou du S. O., on ne doit jamais chercher à entrer dans le port, parce que, dans ces circonstances, le courant extérieur, ou courant de la côte, portant au Nord et le courant du Haff sortant du port se combinent, et porteraient le navire beaucoup dans le Nord et dans une position où il serait tellement souventé que, selon toutes les probabilités, il se perdrait corps et biens. On peut entrer pendant un coup de vent de l'Ouest, N. O. et Nord en se conformant strictement aux signaux faits sur le mât de direction ou mât de signaux.

Entrer dans le port. — Lorsqu'on est par 18 à 15 mètres de fond on relève le phare à l'E. q. S. E., et l'on gouverne sur cette route jusqu'à ce qu'on ait reconnu les trois balises, qu'on amènera l'une par l'autre. Avec cet alignement on ira reconnaître la bouée rouge extérieure, qui est mouillée par 12ᵐ 50 et dont on peut passer des deux côtés. On approchera alors du canal de l'entrée, marqué au côté Sud d'abord par une bouée *noire* mouillée par 8ᵐ 5 et plus à terre par cinq perches *noires* sur lesquelles il y a des *balais*; le côté Nord est marqué par une bouée *blanche* mouillée également par 8ᵐ 5, à 1 encablure ½ de la bouée noire, et, plus à terre, par cinq perches *blanches* avec des *pavillons blancs*. En entrant on tiendra la bouée *noire* et les perches *noires* à tribord et la bouée *blanche* avec les perches *blanches* à bâbord. Au milieu du canal, entre la 3ᵉ et la 4ᵉ balise, le Norden Haken est signalé par une perche avec pavillon rouge dont on peut passer de tous les côtés.

Quand un grand pavillon *rouge* est hissé sur le mât de direction ou mât de signaux, les capitaines qui n'auraient pas rencontré le côtre des pilotes, qui voudraient entrer sans pilote ou qui y seraient forcés, peuvent le faire en se conformant strictement aux signaux faits sur cette balise, c'est-à-dire qu'ils doivent venir au Nord ou au Sud selon que la balise qui porte le pavillon rouge et le ballon rouge est inclinée au Nord ou au Sud, jusqu'à ce qu'elle soit perpendiculaire, auquel cas il faut gouverner droit dessus. Quand, au moyen de ces indications, on aura passé l'extrémité extérieure du brise-lames du Nord et atteint les eaux tranquilles, on trouvera un bateau-pilote qui attend le navire et on laissera monter le pilote à bord.

Les bâtiments qui entrent de cette manière doivent porter le plus de voile possible, et même, si le vent est droit de l'arrière, conserver le foc, de manière à pouvoir redresser promptement le bâtiment dans la direction du canal au cas où la grosse mer, le frappant par le travers, le ferait dévier de sa route [1].

Quand un bâtiment entre, afin de lui faire connaître la direction des courants, on hisse un pavillon *bleu* sur le côté Sud de la tour des pilotes si le courant sort, et le même pavillon est hissé sur le côté Nord de la même tour quand le courant entre. Cette tour est sur le quai à l'est du Sud; elle a 24 mètres d'élévation et gît dans le S. E. à 753 mètres du mât de direction ou des signaux. Près de la tour des pilotes, dans la direction de la mer, il y a le mât pour les signaux de prévision des tempêtes.

Comme la direction du canal de l'entrée et sa profondeur peuvent changer fréquemment, les capitaines de navires arrivant devant Memel doivent faire attention aux signaux suivants :

Si le mât de direction ou des signaux et la petite balise de direction (celle du milieu) sont tous deux abaissés, aucun navire ne peut entrer; il faut alors manœuvrer pour s'élever au large et ne venir au mouillage qu'après que l'on n'a pas pu réussir à doubler la terre d'un côté ou de l'autre.

Le pavillon *rouge* hissé sur le mât de direction ou de signal, au moyen duquel, ainsi qu'on l'a dit ci-dessus, les bâtiments sont guidés dans le port au cas où ils n'ont pas de pilotes à bord, est aussi le signe que le fond sur la barre dans l'entrée du canal est de 4ᵐ70. Chaque ballon hissé au côté Sud du triangle de la balise du milieu indique qu'il y a 0ᵐ31 (1 pied rhénan) d'eau de moins, et chaque ballon hissé au côté Nord qu'il y a 0ᵐ31 de fond en plus de 4ᵐ70 sur la barre dans le canal de l'entrée : ainsi, au côté Sud, 1 ballon indique 4ᵐ40, 2 ballons 4 mètres, 3 ballons 3ᵐ80, et ainsi de suite; au côté Nord, 1 ballon indiquera 5ᵐ01, 2 ballons 5ᵐ32, 3 ballons 5ᵐ70, 4 ballons 5ᵐ95, etc.

Comme les règles mentionnées ci-dessus pour guider les bâtiments

[1] Un avis des autorités maritimes publié en juillet 1875 conseille, dans ces circonstances, de ne pas entrer dans le canal avec des navires d'un tirant d'eau de plus de 3ᵐ92 et de n'y entrer qu'avec le vent favorable.

dans le port au moyen du mât de direction ou de signal ne peuvent servir que pour un bâtiment à la fois, c'est-à-dire pour le navire qui est le plus près de l'entrée du canal, deux ou un plus grand nombre de bâtiments ne peuvent pas entrer simultanément. Le mât de direction ne fera donc des signaux pour un second navire que quand le premier sera rendu entre les deux brise-lames et aura reçu son pilote. Il en résulte que plusieurs bâtiments ne pourront être guidés dans le port que successivement et jamais simultanément. L'ordre successif des navires est nécessaire pour empêcher les erreurs qui pourraient donner lieu à des échouages.

Courants. — Les courants sont quelquefois très-rapides dans le canal : au printemps et à l'automne ils sortent du port avec violence; d'autres fois ils croisent l'entrée venant du Nord ou du Sud, et ils contrarient pour franchir la passe. Il faudra dans tous les cas faire toute la toile possible pour les refouler, et manœuvrer selon les indications de la tour des pilotes.

La **VILLE DE MEMEL**, chef-lieu du cercle de ce nom, est bâtie à l'embouchure de la Dange, dans une plaine stérile : c'est la ville la plus Nord de la Prusse, et sa population est de 19,019 habitants. On trouve à Memel de grandes fonderies de fer et de chaînes, des manufactures d'objets en ambre jaune, des chantiers de construction, une douane, des banques, des écoles de navigation, une bourse, trois églises évangélistes et une catholique, des brasseries, des distilleries d'eau-de-vie, un marché aux chevaux, de nombreuses scieries, etc. Memel doit son importance à sa situation et à la rivière du même nom, qui prend sa course dans les hautes terres, entre Wilna et Minsk, et qui vient se jeter dans le Kurischen Haff. La Memel reçoit à Kowna la Wilja, qui prend sa source non loin du point où le canal Beresinski joint la Dvina et le Dnieper, et le Pripetz, qui passe à Slonino et réunit la Baltique à la mer Noire par le canal Oginski.

Les articles d'exportation les plus importants de Memel sont les céréales, les bois de construction, planches, poutres, lattes et mâtures, qui arrivent principalement de la Lithuanie par le Niemen. On en exporte aussi de la graine de lin, une grande quantité de peaux, suifs, chanvres et lin, huiles, os, chiffons, etc.; on y importe des harengs, du sel, des vins et eaux-de-vie, denrées coloniales, du goudron, du charbon de terre, des rails, etc. Memel arme 100 bâtiments à voiles de 44,488 tonneaux et 7 bâtiments à vapeur. En 1872, le total général des importations a été de 68 millions et celui des exportations de 64 millions de francs. Pendant la même année, le nombre des navires de mer entrés a été de 1,125 navires à voiles et 81 à vapeur, contenant 264,000 tonneaux; sur les 1,200 navires sortis, 81 étaient à vapeur. La navigation fluviale, pendant cette même année 1872, représente 4,347 bateaux à voiles et 500 bateaux à vapeur, contenant 150,000 tonneaux, arrivés à la descente.

On trouve à Memel un service de bateaux à vapeur pour Hull, Königsberg, Lubeck, Stettin et Tilsitt. C'est une station du chemin de fer de Tilsitt. L'Angleterre, la France, la Russie, le Danemark, la Suède, etc., y entretiennent des consuls.

La **Dange,** petite rivière qui traverse la ville, peut être remontée par des bateaux d'un tirant d'eau de 2ᵐ 7 jusqu'à 1 mille en amont de la ville, ce qui permet de charger les grains, la graine de lin, directement aux magasins et sans frais d'alléges. La navigation est généralement close vers le milieu ou la fin de décembre et ouverte vers la fin de mars.

Bateaux de sauvetage. — On entretient un appareil à fusée à Nimmersatt, au Nord de Memel, 2 bateaux de sauvetage, 1 appareil à fusée et 1 mortier à Memel, 1 bateau et 1 appareil à fusée à Schwarzort, 1 appareil à fusée à Nidden, 1 bateau et 1 appareil à fusée à Rositten, à Kranz, à Lappoehnen et à Craxtepellen; ces trois derniers dans les environs de Brüsterort.

Le **Kurischen Haff** (mer des Cures, lesquels ont habité ses bords de temps immémorial) a la forme d'un triangle qui a une longueur de 48 milles et une largeur de 27 milles au Sud. Il est séparé de la mer par la longue et étroite dune de Kurischen Nehrung; le fond y est très-irrégulier, à cause des nombreux bancs de sable dont il est rempli. Il reçoit les eaux de plusieurs cours d'eau, dont les plus importants sont la Russ, la Gilge, affluents du Niemen, et la Dange, qui passe à Memel. Dans la partie Sud et la plus large de cette mer intérieure il n'y a pas de courants sensibles, et les eaux se couvrent de glaces en même temps que les lacs; mais à partir de Winderburger, où elle se resserre pour former le long canal étroit qui va déboucher à la mer, le courant devient très-rapide. Les contours du Kurischen Haff sont plats, mais couverts de bois et de villes, dont la plus importante, après Memel, est Labiau (4,341 habitants), située dans sa partie S. E. Le Kurischen Haff communique avec le Pregel par le canal de Deime et avec la Minge par le canal König Wilhelm.

Balises. — Deux balises ont été établies sur le Kurischen Nehrung, entre Memel et Schwarzort, à 3 milles dans le Sud de Memel. Elles sont placées à 3 encablures l'une de l'autre, dans la direction N. 31° O. et S. 31° E.; leur alignement indique la passe, avec 3ᵐ 6 de fond dans le Haff, entre le banc Bärenkopfscher Haken et l'accore extérieur du banc Schweinsrücken. Les balises se trouvent sur la pente du Nehrung du côté du Haff, près du mont Bärenkopf et en face de l'entrée du canal König Wilhelm; elles ont la forme de pyramides, sont peintes en rouge et visibles du Haff seulement. La balise du Nord a 14 mètres de hauteur au-dessus du sol et 29^m 7 au-dessus de l'eau. La balise du Sud a 12 mètres de hauteur au-dessus du sol et 18^m 3 au-dessus de l'eau. La position donnée pour la balise Nord est 55°39′24″N., 18° 47′ 33″ E.

MOUILLAGE. — Nous avons dit que le long du Kurischen Nehrung le banc qui borde la terre ne s'étendait jamais à plus de 3 ou 4 encablures jusqu'aux sondes de 5^m 49. Généralement, depuis Memel jusqu'à la hauteur du bois de Sarkau, les fonds, qui sont de sable, augmentent régulièrement en allant au large, et dans tout cet espace on trouve 18 mètres d'eau, sable fin et gris, à un peu plus de 1 mille au large de la terre. On pourrait donc mouiller au besoin le long de l'isthme pour se mettre momentanément à l'abri des vents d'Est et de S. E.; mais si les vents passaient au N. O., on se trouverait engolfé et l'on aurait de la peine à gagner le large [1].

LA CÔTE. — Après le cap Brüsterort, la côte change de direction à angle droit et se dirige au Sud pendant 10 milles environ, puis elle s'infléchit graduellement vers le S. O., l'Ouest et le N. N. O. pour former la grande baie de Danzig, qui se termine à la pointe Hela. Entre Brüsterort et Pillau les terres sont assez élevées, et on y voit comme points remarquables le mont Hausen, la tour de l'église de Germau, le palais de Lochstädt et le bois Paradis (voir les vues N°s 7 et 8, planche I). Près de Pillau on voit un moulin à vent à 1 encablure $\frac{1}{2}$ au N. O. du phare, et au Nord de la ville, sur un morne près du Vieux Pillau, un second moulin que l'on aperçoit de loin; près et au Sud de ce dernier, sur un autre morne, gît une construction remarquable, peinte en rouge-brun, avec trois piliers et un toit triangulaire, qui de loin ressemble à un trois-mâts. Les clochers, les édifices et surtout le phare de Pillau se voient d'une grande distance sur la presqu'île basse où ils sont construits. Au Sud de la ville commence le Frischen Nehrung : on nomme ainsi un isthme de sable courbe qui a 34 milles de longueur, de 1 mille à 3 encablures de largeur, et qui sépare le Frischen Haff de la mer; il est bas, aride, avec quelques hameaux de pêcheurs dessus de distance en distance, la partie voisine de Danzig étant seule cultivée et donnant d'abondantes récoltes (voir la vue N° 8, planche I). Dans le fond de la baie de Danzig la

---

[1] Voir la carte de l'Hydrographie française N° 2591 : Côtes de Prusse, de Rixhöft à Brüsterort, golfe de Danzig.

côte est également basse et il n'y a rien de remarquable à signaler,
les dunes qui sont au bord de la mer cachant en grande partie les
objets de l'intérieur qui pourraient servir d'amers. On peut voir les
clochers de Danzig de 20 et 24 milles de distance, et aussitôt après
avoir dépassé la pointe Hela (voir la vue N° 9, planche II). A
l'Ouest de Danzig, entre cette ville et Puzig, la terre est très-élevée
(le mont Dohnas atteint 198 mètres) et forme un contraste frappant
avec celle qui est à l'Est et que nous venons de décrire; elle est en
partie boisée, et on peut la voir d'une grande distance en mer par-
dessus l'isthme bas et aride qui s'étend depuis Rixhöft jusqu'à Hela.
La presqu'île Hela commence au cap Rixhöft, s'étend de là au S. E. q. E.,
puis au S. E., et elle est bordée du côté de la mer par des dunes de
sable clair. Le cap Rixhöft est élevé, coupé à pic vers la mer, et aride
dans l'Ouest et le S. E. pendant une étendue de près de 2 milles environ : cette circonstance et les phares qui sont dessus rendent ce cap
facilement reconnaissable d'une distance de 18 à 20 milles (voir la
vue N° 10, planche II). La baie de Danzig, que nous venons de décrire,
est signalée à l'Est par le phare de Brüsterort, décrit page 3, et par
les phares ci-dessous :

Le **PHARE DE PILLAU** est bâti dans la partie Sud de la ville,
en dedans de l'entrée du port et à 1,884 mètres de la tête du môle du
Nord, par 54° 38′ 18″ N., 17° 34′ 3″ E. : c'est un feu *fixe blanc*, élevé de
28ᵐ 90 au-dessus du niveau de la mer, et avec une atmosphère claire
on peut le voir d'une distance de 16 milles dans un angle de 157 degrés, du S. 37° O. au N. 12° E. par l'Ouest et le Nord; toutefois, il
éclaire le Königsberger Haff, mais sa lumière est faible de ce côté.
On le voit en venant de l'Ouest au moment où l'on perd de vue le feu
d'Hela. La tour, qui a 26ᵐ 70 d'élévation, est ronde, blanche, avec un
dôme noir; il y a des meurtrières sur la tour et une galerie sous la
lanterne.

PHARE D'HELA. — Il est par 54° 36′ 6″ N., 16° 29′ 3″ E., à 4 encablures dans le N. 37° E. de l'extrémité Sud de la presqu'île de ce nom;
il montre un *feu tournant* de *30 secondes* en *30 secondes*, élevé de 37ᵐ 7
au-dessus du niveau de la mer, et avec une atmosphère claire on peut
le voir d'une distance de 17 milles sur tout l'horizon de la mer; toutefois, entre le N. 18° O. et le N. 64° E., par le Nord, il est caché par
les dunes quand on est près de la terre. La tour, qui a 41ᵐ 80 de hauteur, est ronde, blanche, avec un dôme vert foncé et des meurtrières
en zigzag.

PHARE DE DANZIGER HEISTERNEST. — Il est sur le côté N. E.
de la presqu'île Hela, par 54° 39′ 0″ N., 16° 27′ 15″ E., à 4 milles $\frac{9}{10}$ du

village de Puziger Heisternest, à 3 milles $\frac{3}{10}$ du phare d'Hela. Le feu est *fixe, à éclats rouges*, montrant chaque minute un feu *fixe blanc* pendant *3o secondes*, une éclipse de 10 secondes, puis un *éclat rouge* pendant *1o secondes*, suivi d'une éclipse de 10 secondes. Il est élevé de 36ᵐ4 au-dessus du niveau de la mer, et par une atmosphère claire on pourra voir le *feu blanc* d'une distance de 12 milles et le *feu rouge* d'une distance de 8 milles entre l'O. 4° 30′ N. et le S. 4° 30′ O., par le Nord et l'Est. La tour, élevée de 18ᵐ8, est sur le pignon N. E. d'une maison blanche; elle est jaune, carrée, avec dôme noir.

Récif Brüsterort. — Nous avons dit que le cap Brüsterort était de roches à pic, entouré de petits fonds au Nord, et qu'il fallait se tenir par 36 mètres d'eau au moins quand on en passait auprès la nuit ou avec de la brume. Le cap lui-même est bordé par un récif qui s'étend à $\frac{1}{2}$ mille au Nord et à l'Ouest jusqu'aux fonds de 7ᵐ3, mais pas à plus de 2 encablures dans l'Est; ce récif prolonge la terre jusqu'à 1 mille $\frac{1}{2}$ dans le S. O. du cap. Le fond varie dessus entre 1ᵐ5 et 4ᵐ5, et il y a autour un plateau avec des fonds irréguliers variant de 9 à 18 mètres, qui se répand à 2 milles environ, et sur lequel la mer brise dans les gros temps du large.

Le **banc Kreislacken** est plus au Sud; il commence par le travers du cap escarpé qui est au N. O. du village de Kreislacken, et sur lequel on voit un arbre isolé nommé Krauser, situé à 2 milles au S. O. q. S. du phare; il s'étend de là pendant 2 milles $\frac{1}{2}$ au S. 40° O., avec des fonds très-irréguliers, variant depuis 5ᵐ5 jusqu'à 9ᵐ1, avec trois têtes dangereuses, l'une au Nord, l'autre au milieu et l'autre au Sud, avec 3ᵐ6 dessus au moins sur chacune. Quand on est sur la tête du Sud, qui est la plus large et la plus dangereuse, on relève le phare de Brüsterort au N. 46° E., à 4 milles, le point le plus voisin de la terre restant à 1 mille $\frac{1}{2}$.

Pour éviter ce danger, quand on prolongera la côte, ou si l'on atterrissait dans cette partie en allant à Pillau, on évitera de relever le cap Brüsterort ou le phare, si on le voit, au Nord de l'E. 35° N. quand on en sera à 7 ou 8 milles et au Nord de l'Est quand on en sera à moins de 3 milles.

Le **banc Palmnicken** gît plus au Sud et plus près de la terre; il a 2 encablures $\frac{1}{2}$ de diamètre, avec 4 mètres d'eau dessus, et est accore au Nord et à l'Ouest, où la sonde donne 7 et 8 mètres d'eau auprès de ses bords; au S. E. et à l'Est, le fond augmente moins rapidement. Étant sur le banc par 4 mètres, on relève le sommet du mont Hausen à l'E. 17° S., visible un peu au Nord du village de Palmnicken, l'arbre de Krauser au N. 30° E. par le phare de Brüsterort, la terre la plus proche restant à 1 mille $\frac{1}{2}$. Comme les hauts-fonds qui entourent ce banc s'étendent à 2 milles ½, il sera prudent de passer à 3 milles au large quand on sera par le travers du village de Palmnicken.

Le **banc Rottehnen** est dans l'O. S. O. du village de ce nom, par 54° 48′ 10″ N.; il a 2 encablures ½ de circonférence, des fonds de 3ᵐ 6 dessus et de 9ᵐ 5 à 7ᵐ 32 tout alentour; il est à 6 encablures ½ de distance de la terre seulement, et peu dangereux à cause de cela. On en passera au large quand on verra la côte droite et à pic qui est au Sud de Brüsterort en dehors du morne qui la termine au Sud et près de Palmnicken. Depuis ce morne, et à l'exception du Rottehnen, la côte jusqu'à Pillau est partout saine à quelques encablures de distance, et on pourra en approcher la nuit jusque par des fonds de 24 à 25 mètres, sable; mais à partir de 54° 50′ N., et en allant au Nord, il faudra se tenir sur des sondes de 45 à 50 mètres, sable également.

Le **PORT DE PILLAU**, par 54° 38′ 15″ N., est l'embouchure du Frischen Haff (mer de Frische). Il est entre l'extrémité basse d'une presqu'île de sable, sur laquelle Pillau est bâtie, et l'extrémité Nord du Frischen Nehrung au Sud. C'est le port de mer de Königsberg, capitale de la Prusse orientale, située sur le Frischen Haff, mais à laquelle on ne peut arriver qu'avec de petits bâtiments, à cause du peu de profondeur de l'eau à l'embouchure du Pregel. Le canal par lequel on va au port de Pillau a 1 encablure ½ de largeur, entre deux môles construits pour empêcher les ensablements : le môle du Nord s'étend à 4 encablures dans le N. O. en dehors de la terre; celui du Sud, qui borde la côte Nord du Frischen Nehrung, est parallèle à celui du Nord et s'étend à 2 encablures en dehors de la terre. La profondeur moyenne dans le canal est de 5ᵐ 33 à 5ᵐ 64. On peut amarrer à quai le long des môles.

La **barre** varie en profondeur et en direction après les coups de vent du large, ou lorsque les courants plus rapides du Frischen Haff entraînent des sables; elle est au Sud de l'extrémité extérieure du môle du Nord, et sa profondeur moyenne est de 6ᵐ 3 (1875) [1]. Le canal est signalé par deux bouées blanches avec mâts et pavillons blancs au côté Nord et six tonnes noires au côté Sud; une grosse tonne rouge avec mât de 4ᵐ 4 et ballon au sommet, mouillée par 11ᵐ 3 à 5 encablures de la tête de la jetée du Nord et dans l'alignement des balises de direction qui sont à terre, indique la position du canal; on en passe des deux côtés.

Balises. — Deux balises placées sur le côté Nord du canal, près

[1] Lorsque la jauge des pilotes marque une hauteur d'eau de 2ᵐ 4 dans le port.

des fortifications, indiquent par leur alignement la direction à suivre pour donner sur la barre : la plus élevée, celle d'en dedans, est un mât étayé, surmonté d'un triangle avec une croix sur le triangle; celle d'en dehors, un peu plus basse, porte un triangle au sommet; en dehors des balises, et dans leur alignement, est un mât de pavillon qui sert de mât de direction.

La **rade** est devant l'entrée du port : on y mouille par 16 à 18 mètres de fond; quand on est au bon mouillage, on relève la tour du phare par le moulin à vent de Pillau et le château de Lochstädt par l'extrémité Nord de la forêt de Pitzenwalde au N. E. q. N. La nuit, on mouillera par les mêmes fonds en tenant le feu au S. E. q. E., à 3 milles de distance. La tenue est excellente; cependant, comme la rade est ouverte à tous les vents du large, il y a une grosse mer lorsqu'il vente de N. O., et il n'est pas prudent d'y rester avec ces vents. Les chargements sont faits en rade avec des alléges de 20 à 100 tonneaux.

Signaux. — On signale à terre la profondeur de l'eau dans le canal :

Pavillon blanc...............	$2^m 40$	Pavillon blanc sur guidon blanc.	$3^m 60$
Pavillon rouge..............	$2^m 55$	Pavillon rouge sur guidon blanc.	$3^m 75$
Pavillon bleu..............	$2^m 70$	Pavillon rouge sur guidon bleu..	$3^m 90$
Guidon blanc..............	$2^m 85$	Pavillon rouge sur guidon rouge.	$4^m 05$
Guidon rouge.	$3^m 00$	Guidon blanc sur pavillon rouge.	$4^m 20$
Guidon bleu...............	$3^m 15$	Guidon blanc sur pavillon bleu..	$4^m 35$
Pavillon blanc sur guidon bleu..	$3^m 30$	Guidon blanc sur pavillon blanc.	$4^m 50$
Pavillon blanc sur guidon rouge.	$3^m 45$		

On signale la direction du courant sur la tour du phare au moyen d'un triangle *bleu* : hissé au mât de pavillon du Sud, le courant sort; au mât de pavillon du Nord, le courant entre. Un pavillon *bleu* hissé à l'un des mâts signifie que le pilote ne peut pas sortir et qu'il faut prendre le large.

PILOTES. — Lorsque le temps le permet, les pilotes vont au-devant des navires qui ont hissé le pavillon de pilote à une distance de 3 à 5 milles en dehors de la bouée d'atterrage; il est indispensable de le prendre sous voiles, afin de conserver au navire assez de vitesse pour refouler le courant, qui est quelquefois très-fort dans le canal; mais si le pilote ne peut pas sortir à cause du mauvais temps ou de la grosse mer, on hisse un pavillon *rouge* sur le mât de direction et le pavillon triangulaire bleu hissé sur la galerie du phare est remplacé alors par un pavillon carré bleu; ce pavillon sert alors à signaler la direction du courant, suivant sa position. Dans ces circonstances, si le capitaine juge que le tirant d'eau de son navire est trop grand pour entrer, il doit prendre la mer ou aller mouiller en rade.

INSTRUCTIONS. — Le port de Pillau est reconnaissable du large par le moulin à vent de Wogramer et par la tour qui est sur le Schwalbenberg, situés à l'Est et à l'E. N. E. de Pillau et que l'on peut voir de 20 milles avec une atmosphère claire; on voit ensuite le phare, le moulin à vent de la ville, les balises de direction et enfin la ville elle-même. Lorsqu'on a reconnu le moulin d'Alt Pillau et la tour à trois colonnes (ce sont généralement les premiers objets que l'on aperçoit), on gouverne sur cette dernière jusqu'à ce que l'on voie le phare et le moulin de Pillau; on tient alors le phare par le moulin à vent de Pillau, et avec cet alignement on va mouiller en rade par 16 à 17 mètres d'eau, comme il est dit ci-dessus, si l'on ne peut pas entrer dans le port immédiatement.

Entrer dans le port. — Tout navire qui veut entrer dans le port doit préalablement signaler son tirant d'eau [1] et veiller attenti-

---

[1] SIGNAUX QUE DOIVENT FAIRE LES NAVIRES POUR FAIRE CONNAÎTRE LEUR TIRANT D'EAU.

À BORD D'UN TROIS-MÂTS.

1 pavillon hissé au mât de misaine, quel qu'il soit, signifie...	2^m5o	et au-dessous.
1 pavillon au grand mât	2^m65	id.
1 pavillon au mât d'artimon	2^m81	id.
2 pavillons au mât de misaine	2^m96	id.
2 pavillons au grand mât	3^m13	id.
2 pavillons au mât d'artimon	3^m28	id.
1 pavillon au mât de misaine et 1 pavillon au grand mât	3^m44	id.
1 pavillon au grand mât et 1 au mât d'artimon	3^m59	id.
1 pavillon au mât de misaine et 1 au mât d'artimon	3^m75	id.
1 pavillon au mât de misaine et 1 à la corne	3^m9o	id.
1 pavillon au grand mât et 1 à la corne	4^mo6	id.
1 pavillon au mât d'artimon et 1 à la corne	4^m11	id.
2 pavillons au mât de misaine et 1 au grand mât	4^m38	id.
1 pavillon au mât de misaine et 2 au grand mât	4^m53	id.
2 pavillons au grand mât et 1 au mât d'artimon	4^m6o	id.
1 pavillon au mât de misaine et 2 au mât d'artimon	4^m74	id.
1 pavillon au grand mât et 2 au mât d'artimon	5^moo	id.
2 pavillons au mât de misaine et 1 au mât d'artimon	5^m15	id.
2 pavillons au mât de misaine et 1 à la corne	5^m32	id.
2 pavillons au grand mât et 1 à la corne	5^m47	id.
2 pavillons au mât d'artimon et 1 à la corne	5^m63	id.

BÂTIMENT À DEUX MÂTS.

1 pavillon au mât de misaine signifie	2^m19	et au-dessous.
1 pavillon au grand mât	2^m34	id.
1 pavillon à la corne	2^m5o	id.

vement les signaux du phare, qui feront connaître la direction du courant dans le moment. Pour donner dans le canal sans pilote, amenez la tour du phare par le moulin de la ville (1874) (il est à 1 encablure ½ au N. O.) et courez sur cet alignement jusqu'à ce que vous voyiez bien les balises : on reconnaît alors promptement de quel côté du canal on se trouve; si l'on voit la grande balise de l'Est (avec une croix) au Sud de la deuxième balise, on est au Sud du canal et il faut venir au Nord; lorsque la grande balise (balise avec croix) paraît au Nord de la seconde petite balise, on est au Nord du canal et il faut venir vers le Sud.

Lorsqu'on tient ces deux balises l'une par l'autre, on donne droit dans le canal et l'on court sur la tonne extérieure, dont on peut passer des deux côtés selon la direction du vent. Rendu là, on verra au côté Sud du canal six tonnes *noires*, qu'on laissera à tribord, et au côté Nord deux tonnes *blanches*, qu'on laissera à bâbord. Aussitôt qu'on aura passé soit la deuxième tonne *noire* au côté Sud ou la tonne *blanche* N° 2 au côté Nord, on aura paré la partie dangereuse du canal et on se trouvera promptement entre les môles du port. On rencontre ici le bateau-pilote qui attend le navire entrant, et il faut manœuvrer pour diminuer à temps sa vitesse, afin de prendre le pilote à

1 pavillon au mât de misaine et 1 au grand mât signifient. . . . $2^m 55$ et au-dessous.
1 pavillon au mât de misaine et 1 à la corne. . . . . $2^m 81$ *id.*
1 pavillon au grand mât et 1 à la corne. . . . . $2^m 96$ *id.*
2 pavillons au mât de misaine. . . . . $3^m 13$ *id.*
2 pavillons au grand mât. . . . . $3^m 28$ *id.*
2 pavillons au grand mât et 1 à la corne. . . . . $3^m 44$ *id.*
2 pavillons au mât de misaine et 1 au grand mât. . . . . $3^m 59$ *id.*
1 pavillon au mât de misaine et 2 au grand mât. . . . . $3^m 75$ *id.*
2 pavillons au mât de misaine et 1 à la corne. . . . . $3^m 90$ *id.*
1 pavillon au grand mât et 2 à la corne. . . . . $4^m 06$ ·*id.*·
1 pavillon au grand mât, 1 au mât de misaine et 1 à la corne. $4^m 11$ *id.*
3 pavillons au mât de misaine. . . . . $4^m 38$ *id.*
3 pavillons au grand mât. . . . . $4^m 53$ *id.*
3 pavillons à la corne. . . . . $4^m 60$ *id.*

BÂTIMENT À UN MÂT.

1 pavillon en tête de mât signifie. $1^m 08$ et au-dessous.
2 pavillons en tête de mât. . . . . $2^m 19$ *id.*
1 pavillon à la corne. . . . . $2^m 25$ *id.*
1 pavillon au mât, 1 à la corne . . . . $2^m 50$ *id.*
2 pavillons au mât, 1 à la corne . . . . $2^m 55$ *id.*
1 pavillon au mât, 2 à la corne . . . . $2^m 70$ *id.*
3 pavillons à la corne. . . . . $2^m 85$ *id.*
3 pavillons au mât. . . . . $3^m 00$ *id.*

(*Extrait du* Pilote de Pillau , *par Friederich Steenke , capitaine de port et commandant les pilotes de ce port.*)

Il n'est pas parlé de ces signaux dans l'instruction publiée en 1870 par le bureau de l'amirauté de Berlin.

Mer Baltique.   2 bord, surtout si le courant entre dans le moment ; il faut aussi disposer les ancres pour mouiller, parce qu'il n'est pas prudent d'aller plus loin dans le port, quel que soit le vent.

Dans le cas où le pilote ne pourrait pas venir au-devant du navire, on veille les signaux faits sur le mât de direction avec un grand pavillon *rouge* et on doit s'y conformer strictement : on vient vers le Nord quand le pavillon est incliné au Nord, on vient vers le Sud quand le pavillon est incliné au Sud, et l'on gouverne droit quand le pavillon est droit et qu'il est maintenu fixe dans cette position.

Quand le temps est assez mauvais et la mer assez grosse pour qu'il y ait du danger à entrer dans le port, les deux grandes balises de direction sont abattues, et l'on ne doit alors chercher à entrer sous aucun prétexte.

Il arrive quelquefois que le port intérieur est encombré de navires. Dans ce cas, on hisse un pavillon sur un mât de pavillon près du poste des pilotes ; il faut alors mouiller dans le canal, en attendant qu'il y ait de la place.

Courants. — Veillez la tour du phare, où l'on signale la direction du courant dans la passe. Avec un coup de vent de S. O. ou d'Ouest, le courant (qu'il entre ou qu'il sorte) porte de la tonne N° 1 à la tonne N° 3 avec rapidité vers le Nord, en travers du canal, et également avec un coup de vent du Nord ou du N. E. il porte vers le Sud, en travers du canal ; il faut à cause de cela conserver au bâtiment la plus grande vitesse en entrant. Lorsqu'on a dépassé la troisième tonne noire on est en dehors de l'action du courant de la côte, et l'on n'a plus à se préoccuper que de celui qui sort de la passe.

Attention. — Si les deux amers (le grand et le moyen) étaient abattus, ce qui arrive quand il fait un coup de vent, que la mer est grosse ou que le courant sort avec rapidité, et si, après avoir reconnu le signal qui indique la profondeur de l'eau sur la barre, on n'avait pas au moins 0^m 6 d'eau sous la quille, il faudrait prendre le large ou aller mouiller en rade : si l'on mouille, ce qui est préférable, il faut avoir l'ancre bien parée et être prêt à appareiller au changement de courant ; en restant sous voiles, la brume ou toute autre circonstance peut empêcher de profiter du moment favorable. Veillez attentivement les signaux du port, car le courant dans le goulet change si rapidement quelquefois, que dans l'intervalle de 1 heure il peut entrer avec la même rapidité qu'il sortait auparavant. Aussitôt que vous verrez les deux grandes balises intérieures se redresser, appareillez sans perdre de temps, car dans les jours courts un quart d'heure de retard peut vous faire manquer le port ; dans ce cas, n'hésitez pas à filer la chaîne et à faire route pour la barre, sauf à relever l'ancre plus tard.

Échouer le navire. — Un bâtiment qui, avec un coup de vent d'Ouest, n'aurait pas pu étaler sur la rade de Danzig, d'Hela, ou dans tout autre mouillage de la côte de Poméranie, et qui aurait perdu ses ancres, trouvera un bon refuge dans le port de Pillau. Il y a dans l'intérieur du port un banc de vase molle sur lequel on peut s'échouer en toute sécurité, même pendant un fort coup de vent. Si, dans ce cas, on ne trouvait pas de place dans le port, et si l'on entrait sans pilote, il faudrait, une fois le goulet franchi, accoster la pointe intérieure du Frischen Nehrung et donner sur le fond auprès de la côte aussitôt après avoir dépassé la plage de pierres qui entoure cette pointe; là, la côte est si accore qu'on peut aller mettre le beaupré à terre, où l'on amarre le navire avec des aussières.

Bateaux de sauvetage. — On entretient à Pillau quatre bateaux de sauvetage, deux appareils à fusée et deux mortiers. Il y a aussi un bateau et un appareil à fusée à Balgaertief, un appareil à fusée à Voglers Neukrug, un semblable à Pröbbernau et un mortier à Bodenwinkel, tous sur le Frischen Nehrung.

La **ville de Pillau** est bâtie sur la langue de sable basse qui est au Nord du port et au Sud du bois Paradis; c'est le port de Königsberg, et une grande place de commerce où les bâtiments marchands déchargent les marchandises destinées pour cette dernière ville, le peu de fond qu'il y a dans l'embouchure du Pregel ne permettant pas d'aller jusqu'à ce port. Sa population est de 3,291 habitants. La citadelle, bâtie à l'Ouest de la ville, commande entièrement le port, et elle est considérée comme la clef de cette partie de la Prusse du côté de la mer. Il y a à Pillau une douane, une banque, une école de navigation, etc.; on y trouve des greniers nombreux, des chantiers de construction et des ateliers où l'on prépare le caviar, la pêche de l'esturgeon s'y faisant sur une grande échelle. Les principales importations de Pillau consistent en vins, denrées coloniales, houille, huile de foie de morue, sel, fer; les exportations, en seigle, froment, légumes, graines oléagineuses, chanvre, lin, etc. Pillau arme 15 navires de 7,694 tonneaux. Le nombre des bâtiments entrés à Pillau en 1871 a été de 2,030, jaugeant 380,600 tonneaux; celui des navires sortis est de 2,030, jaugeant ensemble 370,122 tonneaux : sur ce nombre, on compte 461 vapeurs de 202,000 tonneaux à l'arrivée et 462 vapeurs de 206,000 tonneaux à la sortie. La valeur des importations par mer s'est élevée à 90 millions de francs et celle des exportations à 87 millions de francs. On y trouve un service de bateaux à vapeur pour Königsberg, Braunsberg et Elbing. Il y a 11 consulats à Pillau.

LE FRISCHEN HAFF. — Nous avons dit que le port de Pillau était l'entrée du Frischen Haff, petite mer intérieure qui s'étend vers l'Ouest jusqu'à la Vistule. À l'extrémité Est du port, le canal qui donne dans le Frischen Haff est divisé en deux branches par un large banc de sable dont les extrémités Ouest et Est sont signalées par une bouée; il y a 1 mètre d'eau sur le Heerd ou canal du Nord et 3 mètres dans le Rinne ou canal du Sud. Ce dernier, qui est le plus fréquenté, est balisé avec soin par des bouées mouillées à l'Est et à l'Ouest. Le Frischen Haff est séparé de la mer par le Frischen Nehrung; il a 36 milles de longueur, une largeur moyenne de 5 milles et une profondeur qui varie entre 2 mètres et 4^m 5; le milieu de cette mer est sain, mais les côtes et surtout les pointes saillantes sont toutes entourées de bancs de sable qui s'étendent souvent à une grande distance. Leurs extrémités sont toutes signalées par des bouées entretenues avec soin pour faciliter la navigation, qui est très-active sur cette petite mer. La Vistule, le Pregel, l'Elbing, la Passarge, la Baude, etc., viennent se jeter dans le Frischen Haff et établissent ainsi par Pillau des relations commerciales très-étendues avec l'intérieur. Les villes maritimes les plus commerçantes assises autour du Frischen Haff sont :

Königsberg. — Capitale de la Prusse orientale et chef-lieu de la régence et des deux cercles de ce nom, elle est bâtie sur pilotis et sur les bords du Pregel, rivière profonde et navigable, au point où ses deux branches se réunissent en une seule pour se jeter dans le Frischen Haff; sa population est de 112,123 habitants. Königsberg est une place de premier ordre, à enceinte fortifiée et forts détachés. La citadelle, près du Kneiphof, est un vaste quadrilatère à remparts et fossés, renfermant une église et un arsenal. De grandes barques nommées *wellines* conduisent à Königsberg les grains, les peaux, les cuirs, les bois de construction. On y trouve des fabriques de draps, de cotonnades, de savon, de toiles, soieries, cuirs, faïence, cire, tabac, chapellerie, massepains, amidon, objets tournés en ambre jaune, eaux-de-vie, des fonderies de fer, des raffineries de sucre, des chantiers de construction. Les principaux articles d'importation sont le froment, le seigle, les chiffons, les bois, crins et soies de porc, os, noir animal, toile. En 1871, le chiffre des navires entrés à Königsberg venant de Pillau s'est élevé à 1,710, jaugeant 292,910 tonneaux, parmi lesquels il y avait 359 vapeurs de 160,030 tonneaux; le chiffre des navires expédiés par mer s'est élevé pendant la même année à 1,650, dont 357 navires à vapeur. La valeur des importations en général a été de 250 millions et celle des exportations de 240 millions, en 1871. Königsberg arme 17 bâtiments à voiles de 7,200 tonneaux et 3 bateaux à vapeur de 200 tonneaux. On y a établi des services de bateaux à vapeur pour Pillau, Elbing, Lubeck, Memel, Stettin, Tapiau, Labiau, Tilsitt, Hull et Amsterdam. Station du chemin de fer de Berlin à Königsberg. Consul de France et 17 consuls étrangers.

Le **Pregel** est formé par la réunion de la Pissa et de la Rominte ;
il passe à Gumbinnen, court au N. O. grossi par le Lajerap, coule vers
Insterberg, où il reçoit l'Inster, et près de Weblau, où il reçoit l'Abbe,
se bifurque à Tapiau, où il est mis en communication avec le Niemen par le canal Fredericks Gruben, passe à Königsberg et se jette
dans le Frischen Haff. Il devient navigable à Insterberg et porte, à
partir de Königsberg, des bateaux de 180 tonneaux. Ce fleuve est très-
poissonneux. La profondeur moyenne du canal près de Königsberg est
de 3ᵐ 16 à 3ᵐ 76.

Feux de Hollstein. — Les deux feux *fixes* de Hollstein, placés
au côté Nord du canal, dans l'embouchure du Pregel, guident dans
le canal du Pregel en les tenant l'un par l'autre. Ils sont élevés de
25ᵐ 1 au-dessus du sol et peuvent être aperçus de 10 milles par une
atmosphère claire. Ils sont établis sur des balises en bois rouge avec carré
blanc au sommet et sont allumés pendant toute la saison navigable.

Elbing, située sur la rivière du même nom, au Sud du Frischen
Haff, a une population de 31,162 habitants. Par sa position géogra-
phique, par ses nombreuses fabriques et sa navigation, c'est une des
cités industrielles et maritimes les plus intéressantes de la Prusse, un
port excellent et un grand entrepôt de marchandises. Un chemin de
fer la relie à Königsberg et à Berlin. On y construit des bâtiments
assez grands et l'on y trouve des fabriques de tissus de laine, tabac,
savon, chicorée, vinaigre, étoffes imprimées, de drap, de voiles de
navires, des raffineries de sucre, des fonderies de fer, des ateliers pour
la construction des machines, des chantiers de construction, des fila-
tures de laine, des corderies, un entrepôt de sel et une distillerie de
grains. Les importations et exportations d'Elbing sont à peu près les
mêmes qu'à Königsberg ; en 1871, il y est entré 482 navires et sorti
178 navires par le Frischen Haff et un plus grand nombre par la
rivière. Elle arme 5 navires jaugeant 2,170 tonnes et 16 vapeurs jaugeant 1,930 tonneaux. La profondeur moyenne de l'eau dans le canal
d'Elbing est de 2ᵐ 19 à 2ᵐ 51.

Braunsberg est construite sur la Passarge, rivière navigable pour
des bateaux et formée par des écoulements de plusieurs petits lacs
près de Hohenstein ; elle coule au N. O. et se jette dans le Frischen
Haff après un cours de 67 milles. Elle déborde au printemps et elle
assèche souvent en été. Braunsberg renferme 10,471 habitants et des
fabriques de draps et de toiles, des tanneries ; commerce de blé, de
fil, de toiles, de bois de construction.

Frauenburg, dont la population est de 2,552 habitants, est à
l'embouchure de la Baude. On y fabrique des draps, de la tannerie,

de la poterie; dépôt de marchandises; pêche active et commerce important. On y remarque le tombeau de Copernic.

Feu de port de Frauenburg. — Un feu de port *fixe rouge* a été établi à Frauenburg. Sa position est donnée par 54° 21′ 12″ N. et 17° 20′ 39″ E.

Brandenburg est situé à l'embouchure du Frisching. Population : 1,600 habitants; nombreuses blanchisseries de toile.

Fischausen, avec 2,463 habitants et dépôt de marchandises;

Tolkemitt, avec 2,717 habitants, etc., sont aussi sur le Frischen Haff.

SONDES. — Au Sud de Pillau et le long du Frischen Nehrung, isthme étroit couvert de dunes de sable, il y a 5 et 6 mètres d'eau à 3 et 4 encablures de la terre; le fond augmente graduellement auprès de Pillau, puis assez rapidement quand on est à 10 milles de la ville. Il est sable d'abord, puis vase et argile en allant au large, et il n'est pas rare de trouver 36 mètres de fond à 2 milles de la terre, lorsqu'on est devant la partie Sud du Frischen Nehrung; sa pente est moins rapide en approchant de l'embouchure de la Vistule, devant laquelle les hauts-fonds s'étendent à 5 milles au Nord jusqu'aux sondes de 18 mètres. On pourrait donc, en sondant, mouiller partout le long de cette partie de la côte de la baie de Danzig avec des vents du Sud et de l'Est. Dans ces derniers temps la Vistule s'est ouvert un passage au travers des dunes, à 4 milles $\frac{1}{2}$ dans l'Est de la vieille embouchure, et il s'est formé dans cet endroit un banc de sable qui s'étend à $\frac{3}{4}$ de mille au large. Cette nouvelle embouchure, qui est au Nord de Reichenberg, n'est praticable que pour des barques, car il n'y a que 1ᵐ 80 de fond sur la barre qui gît devant.

Le **PORT DE DANZIG**, situé au fond du golfe de ce nom, est sur un bras de la Vistule qui se combine avec la Radaune et la Mottlau et qui vient se jeter à la mer près de Neufahrwasser, à 12 milles dans le S. S. O. de la pointe Hela. Les atterrissements de la Vistule ont formé dans cet endroit un banc de sable de forme triangulaire qui s'étend à 8 encablures de la terre jusqu'aux fonds de 4ᵐ 60, et sur lequel il n'y a que 0ᵐ 40 d'eau dans quelques endroits. L'effet de ces atterrissements est tel, que les sables s'étendent autour de la pointe et le long de la côte, de chaque côté, en un vaste plateau sur lequel la sonde donne des fonds de vase devant l'entrée du fleuve, puis du sable; le fond augmente graduellement ensuite, et l'on a 18 mètres lorsqu'on est à 5 milles au large. L'embouchure de la Vistule étant impraticable, on a creusé un canal, large de 11 à 18 mètres dans quelques endroits, qui s'embranche au fleuve dans le Nord du village de Neufahrwasser et qui se dirige à l'O. N. O. et au N. O.

Le canal de Neufahrwasser, qui est le port de Danzig, est terminé à la mer par deux môles courbes et parallèles : celui de l'Est s'étend à 4 encablures environ dans le N. O. en se recourbant vers l'Ouest; celui de l'Ouest est plus court, 3 encablures environ, et plus recourbé dans l'Ouest. Le tirant d'eau moyen dans l'entrée du canal entre les môles est de 5^m 79; dans le port de Neufahrwasser il y a 5^m 33, et dans la Vistule jusqu'à Legan entre 5^m 02 et 6^m 27, de Holm à Strohteich 4^m 07 à 4^m 39, et dans la Mottlau, jusque devant la douane royale, près de la ville de Danzig, 3^m 76. Dans l'automne, quelquefois aussi au printemps, après un coup de vent de l'Ouest et de N. O., il pourra y avoir 0^m 47 en plus; avec un coup de vent de Nord et de N. E. la mer peut monter jusqu'à 1^m 09 en plus au-dessus du niveau moyen et avec des vents de Sud et de S. E. elle peut baisser jusqu'à 0^m 77 en moins.

Bouées. — Devant la pointe du môle de l'Est (petit phare) il y a à 2 encablures dans le N. 30° O. une grosse bouée tronconique noire, avec mât et balai et le mot *Danzig*, mouillée par 5^m 9, pour signaler la pointe N. O. du banc qui s'étend au Nord de la pointe du môle de l'Est et sur lequel il n'y a que 4^m 07 à 4^m 39 de fond.

Pour signaler un banc à l'Ouest du canal il y a une grosse bouée blanche, avec mât et balai et le mot *Danzig*, mouillée également par 5^m 9 de fond. Cette bouée doit être laissée à tribord en entrant et elle gît à l'O. 12° N. à 2 encablures de distance du phare du môle de l'Est; au milieu, entre la bouée noire et la bouée blanche, on trouvera la plus grande profondeur et par suite le meilleur canal pour entrer.

Une grande bouée tronconique noire, avec un fond blanc (avec mât et balai) et le mot *Danzig*, est mouillée par 8^m 5 de fond pour signaler la pointe Nord du banc qui s'étend à l'Est du petit phare devant la vieille embouchure de la Vistule; on y relève la tour du fort de l'embouchure de la Vistule par la tour massive de Sainte-Marie, à Danzig, au S. 22° O., et le phare du môle de l'Est à l'O. 10° S. à 1 mille environ; elle est à 5 encablures de la terre la plus proche.

Au Nord environ de Zoppot, au côté Ouest de la baie, il y a une grande bouée tronconique blanche, avec mât et balai, mouillée par 8^m 5 d'eau; mais cette bouée, utile pour les besoins de la marine royale, ne sert pas pour la navigation. On y relève le phare du môle de l'Est au S. 44° E., l'église d'Oxhöft au N. 12° O. et la villa Hochwasser au S. 20° O. Ces bouées, enlevées dans l'hiver, sont remises en place au printemps, dès que le canal est libre des glaces.

PHARES. — Deux phares guident vers le port de Danzig. Le phare supérieur ou grand phare de Neufahrwasser est construit au côté Ouest du port et à 4 encablures dans le S. E. de l'entrée du canal, à 615 mètres de la plage, par 53° 24′ 18″ N. et 16° 20′ 3″ E.; il montre un feu *fixe blanc* élevé de 23ᵐ 60 au-dessus du niveau de la mer, et avec une atmosphère claire on peut le voir d'une distance de 15 milles, entre le N. 59° O. et le S. 49° E. par le Nord. La tour, qui a 21ᵐ 7 de hauteur, est ronde, massive, peinte en blanc, avec un dôme noir. On aperçoit le feu aussitôt qu'on a doublé la pointe Hela en venant de l'Ouest.

Sur l'extrémité du môle de l'Est, et à 1,505 mètres dans le N. q. N. O. du phare supérieur, est un feu *fixe rouge* élevé de 13ᵐ 20 au-dessus du niveau de la mer et, avec une atmosphère claire, visible d'une distance de 5 milles entre l'O. 32° S. et le S. 54° E. par le Nord. La tour est en fer, peinte en blanc, avec un dôme vert foncé. Ce feu guide plus particulièrement pour venir prendre le mouillage de la rade, et son alignement par le grand feu fait passer près de la bouée qui gît au Nord des bancs du canal.

Ballon d'heure à midi temps moyen du lieu et à midi temps moyen de Greenwich.

Balises. — Sur l'extrémité du môle de l'Ouest il y a une balise blanche élevée de 12ᵐ 90 au-dessus du niveau de la mer, avec un mât de pavillon sur lequel on fait des signaux de direction avec un pavillon *rouge* pour indiquer leur route aux navires qui entrent dans le port sans pilote. Il existe aussi un mât de pavillon sur la maison des pilotes : un ballon *noir* hissé sur ce mât signifie qu'on ne peut pas entrer dans le port et qu'il faut prendre la mer ou aller mouiller en rade. A 80 mètres environ au N. O. de ce mât, il y en a un autre sur lequel on fait des signaux de tempêtes.

PILOTES, REMORQUEURS. — Quand le temps est beau et permet aux pilotes de sortir, on en trouve toujours attendant les navires en rade pendant le jour. Les pilotes ont aussi à leur disposition un bateau à vapeur qui leur permet de sortir du port pendant le mauvais temps. Les navires qui sont en rade et qui veulent un remorqueur à vapeur doivent hisser deux pavillons l'un sur l'autre au mât de misaine.

INSTRUCTIONS. — On est guidé vers le mouillage et le port de Danzig par les phares d'Heisternest et d'Hela et, en approchant, par la tour à feu de Neufahrwasser, par les monuments de Danzig, qu'on voit de loin sur la terre basse où la ville est bâtie, et par le couvent d'Oliva, bien visible sur une hauteur dans l'Ouest de la ville (voir la vue N° 9, planche II).

On recommande aux bâtiments venant de l'Ouest avec un violent coup de vent de l'Ouest au N. O. de ne pas approcher d'Hela, mais de se maintenir sur le méridien de Leba ou dans l'Ouest de Rixhöft, et de ne chercher à faire route vers Hela que lorsque la violence du coup de vent sera passée; car avec un coup de vent de ce côté on pourra rarement atteindre le port après avoir passé Hela, et il sera difficile et même dangereux de tenir la mer sans s'exposer à être drossé par les courants sur la côte dangereuse du Frischen ou du Kurischen Nehrung.

Avec des vents d'Ouest et du N. O. maniables, on gouvernera pour passer à très-petite distance d'Hela, d'où la route au S. q. S. O., en tenant compte du courant, conduira vers le mouillage de la rade. Si les vents sont contraires, on louvoiera sous Hela en se tenant entre 2 et 4 milles au plus de distance de la terre pour se mettre à l'abri du courant, et quand on est en dedans de la presqu'île on rallie la haute terre d'Oxhöft, reconnaissable à son église. Rendu là, on louvoie plus facilement, à l'abri du courant, qui avec les grands vents d'Ouest porte rapidement (2 milles) vers l'Est. Ce courant est encore augmenté, quand on est près de la côte dans l'Est de Neufahrwasser, par ceux de la Vistule, qui se jette à la mer à 6 milles environ au S. E. de Neufahrwasser.

Avec un coup de vent du Nord, un bâtiment d'un tirant d'eau de 4^{m}85 et au-dessus, lorsqu'il a passé Hela, doit manœuvrer pour s'élever dans la partie Nord de la baie, où il pourra mouiller pour attendre que le vent mollisse. Dans ces circonstances, un pareil navire ou un navire plus grand ne peut pas entrer dans le port de Neufahrwasser, à cause de la grosse mer qu'on trouve dans la passe et parce que, le port étant très-étroit, on ne pourrait pas mouiller dans ce dernier; il est douteux même qu'on puisse arrêter l'aire du navire à temps avec des amarres pour ne pas faire d'avaries.

Les navires qui viennent d'Hela doivent bien faire attention de ne pas confondre la tour de l'église de Danzig, que l'on voit bien d'Hela, avec la tour à feu de Neufahrwasser. Comme la tour de Danzig est plus à l'Est que la tour à feu, on serait porté beaucoup dans l'Est si on gouvernait sur l'église. Si on s'apercevait trop tard de cette erreur avec des vents de N. O., il serait très-difficile d'atteindre le port de Neufahrwasser.

Pour être au meilleur mouillage de la rade avec des vents d'Ouest et du Sud, il faut tenir la tour du petit phare du môle de l'Est entre le S. S. E. et le S. E. $\frac{1}{2}$ S., à 2 ou 3 milles, et mouiller par 12 à 9 mètres. Avec un coup de vent de N. O. et N. N. O. on doit se tenir au mouillage sous la haute terre d'Oxhöft, et avec un coup de vent de Nord et de N. N. E. il faut se placer le plus Nord possible dans la baie d'Hela et sous la presqu'île de ce nom, où l'on aura un bon abri.

Les bâtiments qui louvoieront pour entrer de nuit dans la rade de Danzig doivent, quand ils sont à la hauteur de la vieille embouchure de la Vistule, virer avant d'amener le feu rouge du môle de l'Est à l'Ouest de l'O. 15° S. pour parer le haut-fond qui s'étend au large devant l'embouchure de cette rivière.

Entrer dans le port. — Les bâtiments qui seraient forcés d'entrer dans le port sans pilote doivent, en venant d'Hela, gouverner au S. S. O. (un peu plus au Sud ou à l'Ouest, selon le vent), jusqu'à ce qu'ils soient à 2 milles à peu près de la petite tour à feu du bout du môle de l'Est, qu'ils tiendront alors entre le S. E. q. S. et le S. E. $\frac{1}{2}$ S.; gouvernant dessus, en veillant bien la route, ils viendront jusqu'à la bouée *noire avec mât et balai* mouillée à 2 encablures de la tour du môle de l'Est; ils la laisseront à $\frac{1}{2}$ encablure environ sur bâbord, et ils peuvent alors se diriger d'après le pavillon de direction *rouge* qu'ils verront sur le mât placé sur le musoir du môle de l'Ouest : porter la route du côté où le pavillon est incliné, la redresser et gouverner droit dès qu'il est tenu vertical.

Dans ces circonstances, le bateau-pilote attend le bâtiment qui entre en dedans de la tête du môle de l'Ouest; celui-ci doit avoir un bon faux bras disposé à tribord pour jeter au bateau-pilote en passant; il aura aussi à tribord et à l'arrière un fort grelin ou aussière élongée, également sur l'avant des bittes et du même côté une forte amarre, toutes deux avec un œil parfaitement disposé pour capeler à terre et arrêter l'aire du bâtiment. On aura aussi une ancre bien parée à mouiller avec 4 à 5 brasses de chaîne sur le pont, un tour de bitte pris à 12 ou 15 brasses environ afin de pouvoir, aussitôt mouillé, étaler l'aire du navire peu à peu.

Les petits bâtiments ou les caboteurs qui seraient forcés d'entrer sans pilote pendant la nuit doivent approcher du port en tenant le feu *rouge* du môle de l'Est entre le S. E. q. S. et le S. E. $\frac{1}{2}$ S. quand ils sont rendus sur les sondes de 8 à 9 mètres, et quand ils sont près du môle ils entrent dans la passe en tenant le feu un peu par bâbord.

La baie de Danzig est assez longtemps libre de glace; toutefois, par les grands froids, les glaces flottantes la rendent inaccessible; il en est de même du havre de Neufahrwasser en janvier, février et mars avec les vents du Nord et d'Est.

COURANTS. — On observera qu'avec des vents d'Ouest bien établis, et si l'on passe à bonne distance de la pointe Hela, on sera porté dans l'Est par le courant, quelquefois avec rapidité; on devra donc y avoir égard. Si l'on passe près de la pointe, au contraire, les courants porteront le navire vers le fond de la baie et même quelquefois vers le port.

Bateaux de sauvetage. — Il y a un appareil à fusée à Steegen, sur le Danziger Nehrung; un bateau de sauvetage à Neufähr; trois bateaux de sauvetage, un appareil à fusée et un mortier à Neufahrwasser; un bateau de sauvetage et un appareil à fusée à Hela, un appareil à fusée à Heisternest et un autre à Grossendorf, près et à l'Est de Rixhöft.

La **ville de Danzig**, chef-lieu de la régence et du cercle de ce nom, est bâtie à 4 milles de la mer, entre la Radaune et la Mottlau au Sud et sur la rive gauche de la Vistule. Elle est défendue par les citadelles Bischofsberg et Hagelsberg, avec le fort Horn, à l'Ouest; les forts Kalkreuth et Neufähr, sur la Vistule; plusieurs batteries sur la Vistule au Nord à Holm, et enfin par les forts de Weichselmünde et de Neufahrwasser, à l'entrée du port. L'enceinte principale est entourée de fossés inondés, de plusieurs forts et citadelles. La ville se compose de nombreux quartiers et de neuf faubourgs, situés en partie entre les remparts intérieurs et les ouvrages extérieurs, en partie hors de ces derniers. Sa population est de 89,121 habitants; les rues sont tortueuses, étroites, mais elle possède de nombreux monuments et des maisons du moyen âge qui lui donnent un aspect pittoresque, un observatoire, l'église Sainte-Marie, monument gothique du xvᵉ siècle, etc. Le principal commerce de Danzig consiste en grains, pour lesquels il existe de vastes entrepôts en bois, amenés de la Pologne sur la Vistule jusqu'à la ville; elle exporte aussi de la potasse, du chanvre, du lin, des toiles, du bois, du salpêtre, du vitriol, de l'acier, de l'eau-de-vie et autres liqueurs, de la bière, de la cire, des plumes, de la laine, des crins de cheval, des soies de porc, des cuirs, fourrures, plumes. On y trouve des fabriques de galons d'or et d'argent, de draps, tissus de laine et cuirs, des teintureries, salpêtreries, raffineries de sucre et fabriques de potasse, etc. La Mottlau reçoit des bâtiments de 2ᵐ4 à 2ᵐ7 de tirant d'eau, qui vont en amont de la ville; entre la ville et la Vistule il y a un port pour les plus grands navires qui peuvent remonter cette dernière. Danzig est la principale station de la marine militaire de la Prusse sur la Baltique; les chantiers sont outillés pour les constructions les plus récentes; l'arsenal est en communication avec la Vistule; on y a creusé un bassin, établi des cales de construction et un dock flottant. En 1872, le nombre des navires entrés s'est élevé à 1,844, de 465,000 tonneaux, et le nombre des navires sortis à 1,873, de 471,000 tonneaux. La valeur totale de l'exportation, en 1872, a été de 70 millions, contre 90 millions en 1871. Un embranchement relie Danzig à la grande voie ferrée de Berlin-Stettin et au chemin de fer de l'Est de la Prusse.

Outre les bâtiments de guerre, Danzig arme 115 bâtiments à voiles jaugeant 76,300 tonneaux et 12 bateaux à vapeur jaugeant ensemble 1,460 tonneaux. Il y a un consul de France à Danzig.

La **Vistule** (Weichsel) prend sa source dans une branche des Carpathes et dans la principauté de Teschen, en Silésie; elle traverse la Galicie, la Pologne, la Prusse, baignant de ses eaux Cracovie, Sandomir, Pulawy, Varsovie, Modlin, Plock, Thorn, Culm, Marienbourg, Elbing et Danzig, et vient se jeter dans la Baltique par deux bras; celui de l'Est, ou Vieille Vistule, entre dans le Frischen Haff par 20 bouches, et celui de l'Ouest, ou Nouvelle Vistule, dans le golfe de Danzig. Son cours est d'environ 528 milles, dans une direction générale du Sud au Nord; il fait un grand détour à l'Est dans la Pologne et son bassin occupe une surface de 199,690 kilomètres carrés. La Vistule commence à être navigable à Cracovie, dès le commencement de son cours, pour des bâtiments moyens, et pour les grands bateaux à Zawichost, près du confluent du San. La navigation de ce fleuve est de la plus haute importance pour le commerce de la Pologne et de la Prusse. Le Zahm ou San porte dans la Vistule les bois et les cendres de la Galicie; le Bug, le bois, les grains et les autres produits de l'Ukraine et de la Lithuanie; la Muckawitz, branche du Bug, est réunie avec le Pripetz, branche navigable du Dnieper. De nombreuses branches joignent la Vistule au-dessous de Varsovie et portent des bois et des grains; au-dessous de Thorn, la Braa est réunie par un canal avec la Netze et par suite à la Warthe et à l'Oder : malheureusement la navigation de la Vistule est souvent impraticable pendant les chaleurs de l'été et les froids de l'hiver. Un service de bateaux à vapeur est établi entre Varsovie et Danzig.

BAIE DE PUZIG. — A l'Ouest de la Vistule la côte, un peu élevée au mont Carls, dans les environs d'Oliva, est ensuite très-basse jusqu'à la pointe Rixhöft. Elle se dirige dans le N. q. N. O., et elle forme avec la presqu'île Hela une grande baie triangulaire à laquelle on donne le nom de baie de Puzig. A partir de Danzig, la côte est saine jusqu'à Mechlincken, à 1 mille dans l'Est duquel il y a une tête isolée avec 5^{m}5 d'eau dessus, les sables qui la bordent ne s'étendant pas à plus de 3 ou 4 encablures jusqu'aux sondes de 5^{m}4. Les fonds augmentent ensuite, mais irrégulièrement, et il y a de l'argile au delà de 18 mètres. On pourrait mouiller partout avec des vents d'Ouest devant cette partie de la côte.

Basse de Rewa. — A Rewa commence une basse de sable qui se dirige au N. N. E. vers Kussfeld sur la presqu'île Hela et qui divise en deux parties la baie de Puzig; il y a peu d'eau sur cette basse, qui est même à sec dans quelques endroits. La baie extérieure, comprise

entre la basse et la presqu'île Hela, forme une excellente rade pour
les plus grands bâtiments. Il faudra seulement écarter la côte Ouest
de la presqu'île, parce que le banc qui la borde, très-étroit auprès de
son extrémité Est, s'élargit à 10 encablures jusqu'aux fonds de 5^{m}4
par le travers des villages de Puziger et de Danziger. Les sondes sont
très-grandes à l'entrée de la baie, où l'on trouve 36 et 38 mètres d'eau
à l'accore du banc qui borde la presqu'île; mais vers le milieu il y a
bon mouillage par 18 à 22 mètres, fond de vase, à 4 milles dans le
S. O. q. S. de l'église de Danziger : on est là abrité de tous les vents,
excepté du S. E. au Sud. Étant mouillé, on relèvera le phare d'Hela au
S. 72° E. et le village de Danziger au N. 33° E. On peut aller plus en
dedans par 15 ou 16 mètres dans l'O. S. O. de la même église en relevant le phare au S. 60° E. et le village à l'E. 22° N. Ces mouillages
peuvent être très-utiles à un navire qui atterrirait sur le port de
Danzig avec un violent coup de vent de N. E. ou de Nord avec lesquels
il ne serait pas en sûreté sur la rade de Danzig.

INSTRUCTIONS pour prendre le mouillage de la baie de Puzig
avec des vents d'Ouest. — Il faudra gouverner sur le phare d'Hela, on
contournera la pointe de la presqu'île à quelques encablures (3 encablures au moins); puis, cette pointe doublée, on serrera le vent pour
aller au fond de la baie. En louvoyant on ne pourra pas se fier à la
sonde pour éviter le bord du banc qui entoure la presqu'île à l'Ouest;
mais en évitant de relever le clocher de Puziger dans l'Ouest du
N. 22° O. on le parera jusqu'à la hauteur de l'extrémité Ouest du
bois de Danziger. Sur la côte Ouest de la baie le fond perd plus régulièrement, bien qu'il y ait quelques trous; mais en virant par
11 mètres on évitera tous les dangers.

Baie intérieure. — Il y a de 3^{m}6 à 4^{m}5 de fond dans la baie
intérieure, mais on ne peut y arriver que par un passage étroit qui
est au Sud de la barre de sable, vers Rewa, et dans lequel on trouve
2^{m}7 de fond. Pour prendre ce passage il faut se placer de manière
à tenir le moulin à vent qui est au N. O. de Gnesdau (au fond de la
baie) au N. 43° 30' O., et tangent à l'extrémité Nord et à pic de la
pointe qui gît devant Rutzau (il y a un signal dessus), jusqu'à ce que
l'on voie la marque de mer qui est près de Bresin par les magasins de
bois à l'O. 8° N. Ce dernier alignement fera passer par les plus grands
fonds sur la barre, en dedans de laquelle on aura immédiatement
3^{m}6 et 4^{m}5.

La **ville de Puzig** est au fond de la baie. Sa population est de
2,161 habitants, et l'on y fait un commerce de bois assez important,
mais surtout la pêche et la navigation.

La **PRESQU'ÎLE HELA** s'appuie sur la terre ferme à Grossendorf;
elle s'étend de là à 12 milles au S. E. jusqu'au commencement du
bois de Danziger, puis 6 milles ½ au S. S. E. Elle est très-étroite, formée de dunes de sable du côté de la mer avec quatre villages dessus.
Elle s'élargit à partir de Danziger et elle est bordée de dunes à l'extérieur, mais boisée à l'intérieur jusqu'à son extrémité, sur laquelle est
Hela, avec 384 habitants et les deux phares décrits page 12. Un câble
télégraphique fait communiquer la presqu'île avec Danzig. La partie
extérieure de cette langue de terre, depuis Hela jusqu'à Rixhöft, est
saine, le récif qui la borde s'étendant à 3 ou 4 encablures seulement
jusqu'aux sondes de 5ᵐ 4. Autour de la pointe le fond augmente très-
rapidement : ainsi l'on trouve 45 mètres d'eau à 4 et 5 encablures de la
terre. On ne pourra donc pas se fier à la sonde lorsqu'on approchera
de cette pointe pour aller à Puzig ou à Danzig ; le fond augmente
moins rapidement à mesure qu'on va vers Rixhöft, et autour de cette
pointe les sondes de 18 mètres sont à 3 milles ½ de la terre.

Bouée. — On a mouillé une bouée blanche en fer, par 19ᵐ 8 de
fond, au côté Nord de la presqu'île Hela et près du récif Fedderort;
on peut la voir de 2 milles et on y relève le phare d'Hela au S. 21° O.
et le phare Heisternest au N. 54° O. On l'enlève dans l'hiver.

MOUILLAGES. — Avec des vents du Nord, du N. E. et de l'Est,
on pourrait mouiller momentanément sous la pointe Hela et en face
de la ville; mais il faudra prendre ce mouillage la sonde à la main
et aller jusqu'à 1 encablure ½ ou 1 encablure de la terre, limite à laquelle il y a 36 mètres d'eau. Il est important de s'assurer que l'on est
sur ces fonds avant de mouiller, parce que le brassiage perd très-rapidement en allant au large. Avec des vents de Sud et de S. O. on pourrait mouiller également au Nord de la presqu'île ; en mouillant dans
l'Est de Rixböft, au N. E. du signal d'Habichts, qui est à 1 mille dans
le S. E. du phare, par 11 mètres de fond, on sera même à l'abri des
vents de l'Ouest.

COURANTS DANS LA BAIE DE DANZIG. — Lorsque les vents
d'Ouest soufflent sur la côte de Prusse et que les courants du large et de
la côte portent dans l'Est, les premiers vont avec rapidité vers la côte
du Frischen Nehrung, qu'ils atteignent à 6 milles au Sud de Brüsterort.
Il est prudent, surtout si les vents sont violents, d'écarter cette partie
de la côte de Prusse, sur laquelle la mer déferle avec violence sur les
bancs et à une grande distance au large. Le courant du large, qui
vient de l'Ouest, passe à 8 milles au large de la terre; vers Hela il s'infléchit et pénètre en partie dans la baie de Danzig, et autant qu'on
peut l'apprécier il atteint la côte Est près de Saltnicken, par 54° 47′ N.

Le courant de la côte, au contraire, passe près de la terre jusqu'à Hela, où il se divise en trois branches : la branche extérieure va au S. E. dans le fond de la baie et atteint la côte par le travers de Rosenberger-Tief sur le Nehrung, puis elle prolonge la terre et passe devant Pillau ; la seconde branche contourne Hela et va dans le Nord, pénètre dans la baie de Puzig, qu'elle arrondit, et se dirige au Sud pour aller atteindre la côte de la baie de Danzig près de Kahlberg sur le Nehrung ; la troisième branche se détache de la seconde dans la baie de Puzig, prolonge la côte, passe devant Neufahrwasser et atteint la plage près de Kobbelgrube. Ces trois branches réunies passent ensemble devant Pillau et vont rejoindre le courant du large qui contourne le cap Brüsterort.

Les trois courants de la côte forment devant la terre trois bancs nommés les bancs Blanc, Gris et Noir ; les sillons qui les séparent augmentent en profondeur quand les vents d'Ouest sont persistants, mais ils diminuent avec les vents de l'Est, qui tendent à niveler le fond.

Quand les vents d'Ouest passent à l'Est par le Nord, il se forme un contre-courant assez rapide et la mer est très-tourmentée dans la baie de Danzig ; elle est courte et d'autant plus mauvaise que le vent aura changé plus brusquement de l'Ouest à l'Est dans une tourmente. Les vents de N. O. soufflent souvent au printemps, et ce sont ceux qui occasionnent le plus d'accidents sur la côte. Lorsque les vents d'Ouest soufflent longtemps avec violence, les eaux montent de 0^{m}9 et quelquefois même de 1^{m}8, comme en 1824-1825.

LA CÔTE. — A partir du cap Rixhöft, la côte de Prusse se dirige à l'Ouest, puis à l'O. S. O., environ jusqu'à Jershöft. Le cap Rixhöft est remarquable par son élévation (60 mètres), par les phares qui sont dessus et par les falaises blanchâtres qui le terminent vers la mer. A l'Ouest du cap, la côte s'abaisse pour s'élever de nouveau à 4 milles plus loin, où elle montre vers la mer une colline boisée que l'on nomme le Karwsche Lund (bois de Karwen) (voir la vue N° 10, pl. II). On aperçoit ensuite les Grosse Wollsäcke (les grands sacs de laine), série de dunes de sable, blanchâtres et arides, qui s'étendent pendant 8 milles le long de la plage (voir la vue N° 11, pl. II [1]).

PHARES. — Le premier est situé sur le point le plus élevé du cap Rixhöft, par 54° 50′ N. et 16° 0′ 31″ E. Il montre un feu *fixe blanc*, haut de 70^{m}3 au-dessus du niveau de la mer, et avec une atmosphère claire on pourra le voir d'une distance de 22 milles entre l'Ouest et le S. E., par l'Est et le Nord. La tour, qui a 21^{m}40 d'al-

---

[1] Voir la carte de l'Hydrographie française N° 2590 : Du phare de Jershöft aux phares de Rixhöft.

titude, est ronde et peinte en blanc, avec un dôme rouge. On voit
deux maisons pour les gardiens auprès et à l'Est de la tour, et en des-
sous un plateau de petites dunes avec des arbres touffus.

Le deuxième est construit à 190 mètres dans l'O. 12° N. du premier.
Le feu est *fixe*, *blanc*, élevé de 70ᵐ 3 au-dessus du niveau de la mer,
et avec une atmosphère claire on pourra le voir d'une distance de
21 milles entre le S. E. et l'Ouest, par l'Est et le Nord; la tour est
ronde, blanche, à dôme noir.

Signaux. — On a établi au vieux phare une station de signaux reliée
au télégraphe électrique et avec laquelle les bâtiments qui passent devant le phare peuvent communiquer au moyen du Code international.
Les bâtiments qui hissent leur signal distinctif sont annoncés à Danzig
sans frais, et ceux qui ont un abonnement sont portés sur la liste des
navires qu'on affiche deux fois par jour. Quand la station de Rixhöft
aperçoit un navire en détresse, elle le signale par le télégraphe au pré-
sident de la Chambre de commerce de Danzig, ou à toute autre adresse
si le navire le désire, et celui-ci peut demander un remorqueur par
la même voie. Les bâtiments qui passent devant Rixhöft sont invités à
hisser leur pavillon national et leur signal distinctif.

Balise Stilow. — Sur la plus élevée (45 mètres) des Grosse
Wollsäcke, nommée Stilow, par 54° 47′ 18″ N. et 15° 24′ 7″ E., on a
construit un cône tronqué, octogone, ayant 7ᵐ 3 de diamètre à la
base et 3ᵐ 6 au sommet sous le toit; ses faces sont peintes en bandes
horizontales, blanches et rouges, de 0ᵐ 21 de largeur. Le toit est plat
et couvert en zinc; la hauteur de la balise est de 20ᵐ 46 et son sommet est à 65 mètres au-dessus du niveau de la mer; elle est à 1,316 mètres du bord de l'eau, à 21 milles dans l'E. N. E. de Revecol, à 21 milles
dans l'O. 10° S. de Rixhöft et à 6 milles dans l'Est de Leba.

Revecol. — On voit ensuite et successivement : la flèche pointue
du clocher de Leba, à 4 milles dans l'Ouest des Grosse Wollsäcke : la
ville est à ½ mille du bord de la mer (sur un terrain bas); la dune
de Revecol, qui est à 13 milles dans l'O. S. O. de Leba et à 3 milles
du bord de l'eau : elle a 114 mètres d'élévation, et, avec un temps
clair, on peut la voir de 24 ou 28 milles de distance; elle paraît à
l'extrémité Ouest d'une chaîne de dunes de sable blanchâtres nommées les Kleine Wollsäcke (petits sacs de laine) qui s'étendent pendant 8 milles le long de la plage, et dont quelques-unes sont bien
visibles de la mer (voir la vue N° 12, planche II).

Le **PHARE DE SCHOLPIN**, situé par 54° 43′ 10″ N. et 14° 54′ 40″ E.,
est construit sur la haute dune des Kleine Wollsäcke, près de la ville

de Scholpin, et à 16 milles environ dans l'E. N. E. de Stolpemünde; il montre un feu *fixe blanc*, élevé de 75^{m}5 au-dessus du niveau de la mer, et avec une atmosphère claire on pourra le voir d'une distance de 22 milles sur tout l'horizon. La tour est bâtie à $\frac{1}{2}$ mille de la plage, sur une dune haute de 55^{m}5, et forme un bon amer de jour.

GROSSE HÖFT. — A l'Ouest du phare, la côte est basse avec quelques petites dunes de sable et des bois jusqu'à 4 milles dans l'Est de Stolpemünde, où l'on voit le Grosse Höft, morne élevé avec sa face blanche et claire. Le clocher de Rowe est un peu plus à l'Est. A l'Ouest de Stolpemünde, la côte est toujours basse pendant 11 milles jusqu'au cap Jershöft ou Roberhöft, qui est moyennement élevé, coupé à pic et d'un aspect blanchâtre, et à 4 milles au Sud duquel gît la haute terre de Höllenberge, que l'on voit d'une bonne distance.

Mouillages. — Entre Rixhöft et Leba, le banc qui borde la terre s'étend à $\frac{1}{2}$ mille jusqu'aux fonds de 5^{m}4; le brassiage augmente ensuite doucement et il y a 18 mètres, fond de sable, à 3 milles. Mais entre Leba et Rowe, devant les Kleine Wollsäcke, le plateau de sable s'étend à 6 milles au large jusqu'aux fonds de 18 mètres. Si l'on prolongeait la côte en venant de l'Est pour aller reconnaître le feu de Jershöft, pendant la nuit ou par un temps chargé, on pourrait reconnaître la position du navire en sondant sur ce banc. On peut mouiller partout en pleine côte à 1 mille $\frac{1}{2}$ ou 2 milles de la terre, par des fonds de sable, quelquefois mêlé de galets, entre Rixhöft et Jershöft.

Leba. — On mouille devant Leba à $\frac{1}{2}$ mille de l'embouchure de la rivière Leba, par 7^{m}3 d'eau, en relevant le clocher de l'église au S. q. S. O. ou par la maison Est la plus extérieure de celles qui sont sur la plage et nommée Aalebuden. La rivière, qui prend sa source dans la régence de Danzig, entre en Poméranie, coule au N. O., forme un lac de 9 milles de long sur 4 milles de large et se jette à la mer par 15° 13′ 56″ E.; la ville, qui contient 2,025 habitants, fait un commerce assez actif; il y a un dépôt de marchandises et des pêcheries.

Bateau de sauvetage. — On entretient un bateau de sauvetage et un appareil à fusée à Leba et un appareil à fusée à Koppalin.

Rowe. — A 18 milles $\frac{1}{2}$ dans l'O. S. O. de Leba gît l'embouchure de la rivière Lupow, par laquelle on entre dans la mer Gardeschen, lac peu profond séparé de la mer par un isthme boisé. Les villages de Grosse et Kleine Rowe sont bâtis au bord de la mer et de chaque côté de la rivière. Un banc de sable, avec 5^{m}5 et 6^{m}4 de fond dessus, gît à un peu plus de 9 encablures au large entre le N. 11° O. et le N. 37° O. du clocher de Rowe; il y a 7^{m}3 à 8^{m}4 d'eau entre ce banc et l'accore de celui qui borde la terre. On mouille devant l'embouchure de la rivière, à $\frac{1}{2}$ mille de la côte, par 7^{m}3 à 9 mètres de fond et au S. O. du banc ci-dessus, en relevant le clocher de Rowe au S. 43° E. environ : plus à terre, les fonds sont de roches, comme également au Nord et près du banc; mais plus au large on trouve du sable coloré et du gravier.

Le **PORT DE STOLPEMÜNDE** est formé par deux jetées construites de chaque côté de l'embouchure de la rivière Stolpe : celle de l'Est se dirige du Sud au Nord sur une longueur de 361 mètres, puis elle se recourbe à l'Ouest sur une longueur de 30 mètres; la jetée de l'Ouest commence à environ 121 mètres à l'Ouest de la rive gauche de la rivière, court au Nord sur une longueur de 299 mètres, puis se recourbe à l'Est sur une longueur de 60 mètres : elles forment ainsi un port extérieur d'une surface de 34,000 mètres carrés avec 4 mètres à 4^{m}50 de fond; il y a également 4 mètres à 4^{m}50 d'eau dans le port intérieur. L'entrée du port a 35 mètres de largeur; en dehors et tout près il y a 4^{m}27 d'eau; au milieu des jetées il y a 2^{m}95 à 4^{m}27, les plus grands fonds se trouvant du côté Est. Dans la partie Est du port formé par les deux môles le brassiage moyen est de 3^{m}3 à 5^{m}1, tandis que dans la partie Ouest il tombe en quelques endroits jusqu'à 1^{m}95. Il y a à Stolpemünde 1,700 habitants et un établissement de bains de mer.

Feu de port. — Sur la dune, près de l'origine de la jetée Est, est un feu de port *fixe, rouge*, à 11^{m}80 au-dessus du niveau de la mer et visible de 6 milles sur tout l'horizon. Le milieu de l'entrée du port se trouve dans le N. 32° O. du feu, établi sur la maison des pilotes, et dont la position approximative est 54° 35′ 20″ N., 14° 31′ 30″ E.

Signaux. — Sur l'extrémité de la jetée Est un mât noir, élevé de 8^{m}8 au-dessus du niveau de la mer, supporte un ballon blanc de 1^{m}80 de diamètre. Au milieu de la jetée est un mât de signaux où l'on indique aux bâtiments qui s'approchent la profondeur d'eau dans le port : un ballon *rouge* signifie un fond de 2^{m}50; chaque ballon ajouté indique 0^{m}30 en plus. Sur l'extrémité de la jetée Ouest se trouve un mât de 8 mètres de hauteur, peint en blanc et supportant un ballon rouge de 1^{m}80 de diamètre.

INSTRUCTIONS. — Quand on vient de l'Est, le mont Revecol, de 114 mètres d'altitude, situé à 13 milles Est du port, est, ainsi que le phare de Scholpin, un bon point de reconnaissance. En venant de l'Ouest on peut reconnaître le phare de Jershöft, qui est à 11 milles dans l'Ouest de Stolpemünde. Le port lui-même se distingue facilement à ses deux moulins à vent sur le bord de la mer et au clocher de l'église de Stolpemünde, marques qui se trouvent sur la rive Est de la rivière. Sur la rive Ouest, les points remarquables sont : un magasin rouge et, dans le Sud de celui-ci, la cheminée massive d'une factorerie.

Si le temps le permet, un pilote se rend, sur les rades extérieures, à bord des bâtiments qui ont hissé le pavillon de pilote; le bâtiment doit avoir une amarre disposée pour le bateau pilote et une ancre avec 13 à 15 mètres de chaîne prête à mouiller. Dans le cas où le bateau pilote, pour une cause quelconque, ne saurait être envoyé au dehors, on fait des signaux avec un pavillon rouge, soit sur une des têtes de jetée, soit sur une des jetées mêmes, dans une position convenable. Les signaux sont combinés de telle sorte que le navire doit venir du côté où le pavillon est incliné, et que le pavillon vertical veut dire : « Vous gouvernez bien. »

Avant de donner dans la passe, il faut porter toute la toile possible et se tenir bien au vent du port, dans lequel on a un espace suffisant pour éviter; on ne doit pas craindre d'entrer sous toutes voiles. Dans ce cas, on signale la profondeur de l'eau dans le port sur le môle de l'Est, ainsi qu'on l'a dit plus haut; mais si le temps est tellement mauvais que l'entrée soit rendue impossible, on ne fera aucun signal avec le pavillon rouge, et on halera bas les ballons indiquant la profondeur d'eau dans le port.

Lorsqu'un navire s'est approché du port sans pilote, en gouvernant d'après le pavillon de signaux, il reçoit un pilote aussitôt qu'il arrive à la tête des jetées.

On recommande de ne jamais donner dans le port pendant la nuit sans pilote. Par les temps forcés, l'approche du port est dangereuse; les navires devront se tenir en dehors et bien au large.

Pour les bâtiments qui veulent mouiller sur les rades, il y a bon mouillage, fond de sable, par 12ᵐ 80 d'eau, dans le N. N. O. du clocher de l'église de Stolpemünde. On ne doit pas jeter l'ancre dans une profondeur plus grande, car le fond devient mauvais.

Courants. — Le courant est le plus rapide devant l'entrée du port. Avec les vents du S. q. S. E. au N. O. par l'Ouest il y a des courants Est, les plus forts se produisant par les vents O. q. S. O.; avec des vents du N. O. au S. q. S. E. par l'Est le courant est Ouest en général, les plus forts ayant lieu par les coups de vent d'Est.

La **ville de Stolpe,** chef-lieu du cercle de ce nom et bâtie sur la rive droite de la rivière, à 9 milles environ de Stolpemünde, est

assez bien fortifiée; elle renferme 16,280 habitants, et elle est formée
de la ville ancienne, de la ville nouvelle et de ses faubourgs. Elle possède un hôtel des invalides, et on y trouve des fabriques de draps, de
toile, de papier, de lainages, des laminoirs de cuivre et des tanneries;
on y travaille l'ambre jaune, et la pêche du saumon y est très-pro-
ductive. La marine marchande possède 8 navires de 2,424 tonneaux
et 22 caboteurs. La rivière Stolpe sort d'un petit lac, passe à Stolpe et
se jette à la mer après un cours de 16 milles.

Bateau de sauvetage. — On entretient à Stolpemünde un
bateau de sauvetage et un appareil à fusées, et également un bateau
de sauvetage et un appareil à fusées à Scholpin.

Le **PHARE DE JERSHÖFT** est près du village de ce nom, par
54° 32' 40" N., 14° 12' 50" E., et à 386 mètres du bord de la mer. C'est
un feu *tournant* blanc *de deux minutes en deux minutes*, dont la lumière
est visible pendant *70 secondes* et obscurcie pendant *50 secondes;* il est
élevé de 50 mètres au-dessus du niveau de la mer, et avec une atmosphère claire on pourra l'apercevoir d'une distance de 18 milles, entre
l'O. 32° S. et l'E. 32° N. par le Nord. La tour, qui a 31 mètres de hauteur, est ronde et peinte en rouge. Il y a une maison de veille à deux
étages auprès et dans l'Est de la tour, et dans l'Ouest une maison
basse avec des plantations.

Station de sauvetage. — Il existe un appareil à fusée auprès
du phare.

Banc Stolpe. — Si l'on atterrissait sur cette partie de la côte, ou
si l'on voulait aller mouiller devant Stolpemünde pendant la nuit
ou avec un temps couvert, il faudrait se servir de la sonde et veiller
le banc Stolpe. Il y a 5ᵐ 5 et 11 mètres sur la partie la moins profonde
du banc, qui gît à 24 milles dans le N. 1° 30' E. du phare de Jershöft
et à 24 milles au N. 26° O. du clocher de Stolpemünde. Le plateau qui
l'entoure avec 14ᵐ 6, 18 et 22 mètres d'eau s'étend de là à 7 milles
dans l'Ouest jusqu'au point où l'on relève le phare au S. 16° E., et de
25 à 26 milles dans l'Est jusque par le travers de l'extrémité Est des
Kleine Wollsäcke, avec une largeur moyenne de 11 à 12 milles, laissant
entre lui et la terre un canal de 12 milles de largeur au moins. Les
fonds sur le banc sont presque partout sable tacheté avec des galets et
des roches, et dans le canal qu'il forme avec la terre on trouve de 27
à 36 mètres, fond de sable tantôt gris clair, tantôt clair et tacheté [1].

(1) Voir la carte de l'Hydrographie française Nᵒ 2589 : De la rivière Diévenow au
phare de Jershöft.

LA CÔTE. — Après Jershöft la côte se dirige au S. 30° O., puis à l'O. S. O. : elle est partout saine à 3 ou 4 encablures; les clochers pointus des églises de Rügenwalde et de Zizow sont visibles d'une grande distance, et un petit bouquet d'arbres qui croît sur un monticule situé à 5 milles ½ dans le N. E. q. E. de la première ville forme un bon amer quand on le voit en venant du Nord (voir la vue N° 13, planche II). Le Gollenberge, près de Köslin, est une longue colline élevée et aride, visible d'une grande distance. La ville de Kolberg, parfaitement reconnaissable à son clocher avec ses trois flèches, est visible bien avant les basses terres; il en est de même des clochers des villes de Treptow et de Kammin. Enfin la terre s'élève au morne de Kieseberg, sur lequel il y a une balise. (Voir les vues N°ˢ 14 et 15, planche II.)

Le **PORT DE RÜGENWALDEMÜNDE**, à 8 milles au S. O. q. S. du phare de Jershöft, est formé par deux jetées en mauvais état. Il y a 2ᵐ 82 de profondeur moyenne dans l'entrée du port, profondeur qui peut varier suivant les circonstances de temps entre 2ᵐ 51 et 3ᵐ 13. La largeur de la passe entre les têtes des jetées est de 24 mètres et la direction N. O. q. O. et S. E. q. E. Immédiatement devant le port gisent deux balises flottantes (perches simples), l'une au côté Est, l'autre au côté Ouest, qui signalent l'entrée, et toutes deux sur les restes des têtes de môles en ruines. Il faut passer entre les deux balises, mais éviter de les accoster en entrant dans le port, pour ne pas toucher. On recommande à tout navire étranger de ne pas entrer sans un pilote.

Signaux. — La profondeur de l'eau dans le port est signalée par des ballons rouges hissés sur le mât des signaux des pilotes, qui est sur le môle de l'Est : le premier ballon indique qu'il y a 1ᵐ 88 d'eau, et chaque ballon en sus 0ᵐ 313 d'eau en plus.

INSTRUCTIONS. — Les navires qui approchent du port de Rügenwaldemünde en venant de l'Ouest ont un bon amer dans la tour de l'église de Zizow, qui est à 2 milles dans l'Est de l'entrée du port et qui est peinte en blanc. Ceux qui viennent de l'Est sont guidés d'abord par Jershöft avec sa tour à feu, et plus près par la tour de l'église de Zizow et par celle de Sainte-Marie de Rügenwalde. Pendant la nuit, le feu de Jershöft est un bon amer.

Si le vent et le temps le permettent, le bateau pilote va au-devant du navire qui a hissé le pavillon du pilote; il l'accoste en rade et le pilote prend charge du navire. Si le mauvais temps, la force du courant ou toute autre cause empêche le bateau pilote de sortir, on indique la route à suivre avec un pavillon *rouge* hissé sur la tête du môle qui est toujours accessible. On dirige la route du côté où le pavillon rouge est incliné et on gouverne droit quand le pavillon est vertical; un pilote se trouve avec son bateau en dedans de la tête du môle et accoste le navire au moment où il entre dans le port.

A une distance de 400 mètres environ de l'entrée, dans l'intérieur du port, il y a un pont qui diminue considérablement l'espace où on peut mouiller; il faut donc que les navires tiennent parées sur l'avant et sur l'arrière de fortes aussières pour s'amarrer aussitôt entrés. Si l'on avait négligé de prendre cette précaution ou si l'on n'avait pas d'amarres suffisamment fortes, il y a dans ce cas des amarres disposées au côté Ouest du port, que l'on peut envoyer aux navires; en outre, il y a une forte amarre tendue d'un bout à l'autre du port pour étaler l'aire du navire.

Si le temps est assez mauvais pour qu'il ne soit pas possible d'entrer dans le port, on ne hisse ni ballon sur le mât de signaux des pilotes ni le pavillon rouge.

Par les coups de vent du N. O. il est très-dangereux de chercher à entrer dans le port; également pendant la nuit, dans ce dernier cas, il convient de rester sous voiles ou de mouiller en rade pour attendre le jour.

On a un bon mouillage en rade par 13 à 15 mètres d'eau, bonne tenue, en tenant l'église Sainte-Marie de Rügenwalde au S. E. q. E.; mais on conseille aux bâtiments qui, par suite de leur tirant d'eau trop grand pour entrer dans le port, sont forcés de rester mouillés sur rade, de prendre la mer avec un coup de vent pour attendre que le temps soit plus beau et la mer plus tranquille. Le pilote indique au bâtiment qui vient au mouillage le meilleur endroit pour laisser tomber l'ancre.

Courants. — Avec des vents du S. q. S. E. au N. O. par l'Ouest, le courant de la côte porte généralement vers l'Est; il est le plus fort avec les vents de l'O. q. S. O. et il porte alors du S. O. au N. E.; avec les vents du N. O. par l'Est au S. q. S. E., le courant de la côte porte généralement du N. E. au S. O., et il est le plus fort avec les vents d'Est. Après un fort courant et un mauvais temps il sera prudent de se tenir à 1 mille au vent environ, à cause du courant, pour prendre le port avec plus de facilité.

Rügenwalde est à 1 mille ½ dans les terres, sur la rive droite de la Wipper; elle renferme 4,893 habitants et est entourée de remparts. On y fabrique des toiles, des damas, des cotonnades, des toiles à voiles; il y a des tanneries et l'on y construit des navires. On en exporte une quantité considérable de grains et on y fait un grand commerce d'anguilles, de saumons et oies fumées. Le mouvement de ce port est d'environ 300 navires et de 20,000 tonneaux; la marine marchande compte 27 navires de 11,014 tonneaux et 17 caboteurs.

Bateau de sauvetage. — On entretient à Rügenwaldemünde un appareil à fusées.

La **CÔTE** entre Rügenwaldemünde et Kolbergmünde est très-basse, avec deux grands lacs qui ne sont séparés de la mer que par des isthmes très-étroits. C'est entre ces deux villes que l'on voit, dans les terres, le Gollenberge (il y a un monument dessus), élevé de 137 mètres, et le clocher de Sainte-Marie de Köslin. La côte est très-saine entre Rügenwaldemünde et Kolbergmünde, mais il n'y a pas de port à signaler dans cette étendue de 35 milles; le banc qui la borde ne va pas à plus de 5 encablures jusqu'aux fonds de 7^{m}3; les sondes augmentent ensuite assez régulièrement, et il y a 18 mètres à 2 milles devant Rügenwaldemünde et à 5 milles vers Kolbergmünde; on trouve généralement du sable jusque par 29 et 33 mètres, puis de la vase ou de l'argile entre 36 et 55 mètres. On pourrait mouiller partout dans cet espace avec les vents depuis le S. O. jusqu'à l'Est par le Sud.

Le **PORT DE KOLBERGMÜNDE** est à 35 milles dans l'Ouest de Rügenwaldemünde, sur la rive droite de la Persante; deux digues maintiennent les eaux de la rivière et forment son embouchure à la mer. La profondeur moyenne dans l'entrée du port est de 4^{m}1; toutefois cette profondeur peut varier: elle diminue jusqu'à 3^{m}76 à la suite des ensablements produits par les coups de vent, tandis qu'elle peut augmenter jusqu'à 4^{m}50 avec les grandes crues de l'intérieur. La largeur du canal dans l'entrée du port entre les digues est de 30 mètres. Il n'y a que 3 mètres à 3^{m}6 de fond à mer basse dans le port intérieur, et les navires qui y entrent doivent avoir des aussières disposées pour s'amarrer aussitôt entrés.

Feu de port. — Il est en dedans de l'entrée du port, par 54° 11′ 20″ N., 13° 13′ 26″ E., sur le môle de l'Est et au côté Nord de la vieille maison des pilotes; c'est un feu *fixe blanc*, élevé de 7^{m}90, et par une atmosphère claire on pourra le voir d'une distance de 8 milles. Il est sur un mât, placé dans un socle jaune foncé, et il éclaire entre l'O. 32° S. et l'E. 12° S. par le Nord.

Balises. — Sur chaque tête des digues du port on a placé un mât-balise élevé de 8^{m}7 au-dessus du niveau de la mer. La balise du môle de l'Est est blanche et porte au sommet un ballon en lattes peint en blanc; la balise du môle de l'Ouest porte au sommet un ballon en lattes peint en rouge. A 200 mètres environ de la tête du môle de l'Est il y a une balise de direction, visible de tout l'horizon; le sommet de cette balise est élevé de 12^{m}96 au-dessus du niveau de la mer et de 10^m 50 au-dessus du môle. Les bâtiments qui entrent doivent tenir la balise au S. E. ½ S.

Signaux. — On signale la profondeur de l'eau dans le port au moyen de ballons *rouges* hissés sur le mât des signaux des pilotes qui est sur le môle de l'Est : un premier ballon signifie qu'il y a 3^m 13 d'eau (10 pieds du Rhin), et chaque ballon en plus indique 0^m 313 (1 pied) d'eau en plus.

INSTRUCTIONS. — Les bâtiments qui atterrissent sur Kolberg-münde ont un bon amer visible d'une grande distance dans le clocher de l'église Sainte-Marie, et en approchant dans le fort Münder, rouge et rond, très-rapproché du môle de l'Est. On tient l'église Sainte-Marie par le fort Münder au S. E. ½ E., et en suivant cette route on vient jusque sur la rade, où l'on a un bon mouillage par 12 à 13 mètres de fond en tenant l'église de Treptow au S. O. et l'église Sainte-Marie de Kolberg au S. E. ½ E. Pendant la nuit, on mouille sur la rade, en relevant le feu au S. E. ½ E., quand la sonde donne 12 mètres de fond.

Entrer dans le port. — Si le temps le permet, le bateau pilote se rend à bord des navires qui hissent le pavillon de pilote et il les accoste sur la rade. Si, à cause de la grosse mer ou de toute autre cause, le pilote ne peut pas sortir, on signale la route à faire au moyen d'un pavillon *rouge* hissé sur la balise de direction ; il faut alors diriger la route du côté où le pavillon rouge est incliné et gouverner droit lorsque ce dernier est vertical : dans ce cas, le pilote se place dans son bateau en dedans de la tête du môle, et il monte à bord aussitôt que le navire a atteint l'entrée.

Si le temps est trop mauvais pour que l'entrée du port soit praticable, on ne hisse ni les ballons rouges qui signalent la profondeur de l'eau ni le pavillon rouge avec lequel on indique la route.

Avec un coup de vent violent de l'Ouest à l'E. N. E. par le Nord, on doit rester au large jusqu'à ce que le temps se soit embelli et que la mer soit tombée, parce que l'entrée du port est fort dangereuse dans ces circonstances, à cause du peu de largeur de la passe, où la mer est très-grosse.

Il est très-dangereux d'entrer dans le port pendant la nuit, parce que les môles sont cachés par les arbres d'une promenade qui prolonge le bord de la mer, et très-difficiles à distinguer à cause de cela. En outre, le feu du port n'étant pas placé sur l'extrémité du môle de l'Est ne peut pas servir de guide pour entrer : aussi ne doit-il être employé que pour reconnaître la position du port et pour aller mouiller sur la rade.

Kolberg. — Il n'est pas possible d'aller près de la ville de Kolberg, qui est à 1 mille environ du port, à cause du peu de profondeur du canal. Les endroits où l'on charge et décharge les navires commencent à une petite distance de l'entrée du port. La ville renferme 13,130 habitants et est bien défendue par un fort sur la Persante; on y trouve quelques fabriques, des pêcheries, des bains de mer, etc. Elle arme 19 navires de 5,764 tonneaux et 11 caboteurs.

Courants. — Avec tous les vents soufflant du S. q. S. E. par l'Ouest au N. O. le courant de la côte porte ordinairement de l'Ouest à l'Est; avec tous les vents soufflant du N. O. par l'Est au S. q. S. E. il porte de l'Est à l'Ouest. Le courant de l'Ouest à l'Est est le plus rapide avec les vents forts de l'O. q. S. O., le courant de l'Est à l'Ouest avec les vents violents de l'Est.

Bateau de sauvetage. — On entretient à Kolbergmünde un bateau de sauvetage, un appareil à fusée et un mortier.

La **Persante** prend sa source dans un lac près de Neu Persanzig, coule au N. O. pendant 86 milles, dont 18 environ navigables, et se jette dans la Baltique au-dessous de Kolberg par 13° 13′ 30″ E.

La **CÔTE** entre Kolbergmünde et Treptow, située à 10 milles dans l'O. S. O., est moins saine que dans l'Est. Devant Kolberger Deep, petites dunes à 5 milles dans l'Ouest de Kolbergmünde, il y a un plateau de petits fonds qui s'étend à 2 milles $\frac{1}{4}$ dans le N. N. O. avec une sonde de 6^{m}4 à cette distance. Le plateau a 1 grand mille de largeur et 9 à 11 mètres d'eau tout autour. Les sondes sont ensuite assez régulières et l'on a 18 mètres à 7 milles $\frac{1}{6}$ de distance de la côte. Devant l'embouchure de la Rega, près d'Ost Deep, village de 430 habitants, il y a deux bancs assez larges avec 7^{m}3 de fond au moins dessus et 9 et 11 mètres entre eux et alentour.

Treptow. — Les navires qui ont un chargement pour Treptow mouillent à 1 mille $\frac{1}{2}$ dans l'O. q. N. O. de l'embouchure de la rivière devant Ost Deep, par des fonds de sable tacheté de 9 à 11 mètres. La ville de Treptow est à 5 milles dans les terres, sur la rive gauche de la Rega; elle contient 6,740 habitants. Fabriques de draps, lainages, bas, distilleries; la pêche du saumon et la navigation maritime y sont assez importantes.

Bateau de sauvetage. — On entretient à Treptow un bateau de sauvetage et un appareil à fusée.

La **Rega** se forme de l'Alt Rega et de la Neue Rega, qui se réunissent à 6 milles au S. O. de Schievelbein; elle coule d'abord au Sud, puis à l'Ouest, tourne au Nord vers Rügenwalde, où elle va vers l'Ouest, puis au Nord, après un cours d'environ 60 milles, et elle entre dans la Baltique par 12° 57' 45" E.

Le **PHARE DE GROSS HORST** est bâti par 54° 5' 46" N. 12° 43' 57" E. sur un morne entre les baies de Dievenow et de Treptow, près et au N.E. du village de Gross Horst; il montre un feu dioptrique *tournant blanc*, dont la lumière atteint son éclat le plus brillant chaque *20 secondes*: la durée de l'éclat est de 5 secondes et celle de l'éclipse de 15 secondes. Il est élevé de 62^{m}8 au-dessus du niveau de la mer, et avec une atmosphère claire on pourra le voir d'une distance de 20 milles entre l'O. 10° S. et l'E. N. E. par le Nord. A moins de 6 milles on aperçoit toujours une faible lumière entre les éclats. La tour, qui a 48^{m}7 de hauteur, est octogone, jaune pâle; les bâtiments construits à sa base et les corniches qui supportent la galerie sont rouge foncé. Il y a un appareil à fusées près du phare.

La **RIVIÈRE DIEVENOW**, située à mi-distance environ entre Swinemünde et Gross Horst, est un petit cours d'eau qui vient se jeter dans la mer après avoir traversé la mer de Fritzower et qui coule de l'Est à l'Ouest. Sur le côté Nord du canal gît Est Dievenow et sur la côte Sud Ouest Dievenow. Il y a devant l'embouchure de la rivière Dievenow une barre sur laquelle les fonds varient selon la direction des vents et des courants : ainsi on trouve souvent après un coup de vent du Nord 1 mètre d'eau seulement, mais avec des courants forts et de longue durée il y a jusqu'à 1^{m}9.

A l'Est de l'entrée, à 1 mille ½ environ de distance, la côte est signalée par la tour des pilotes, élevée de 12 mètres, près d'Ouest Dievenow, et à 3 milles environ dans le Sud par les clochers des églises de Kammin. Pour trouver l'embouchure de la rivière, on relève ces derniers au S. E., et l'on va avec cet alignement jusque par une profondeur de 9^{m}2 : on est alors dans la rade et près de la tonne *noire* qui signale l'entrée de la rivière. On doit attendre le pilote à ce mouillage, car il ne faut jamais chercher à entrer sans en avoir pris un, à cause des changements constants du canal [1].

Kammin est sur la côte Est de la mer de Fritzower, à 3 milles dans l'intérieur, sur la rive droite de la Dievenow; sa population est de 5,261 habitants. On y fait un commerce actif, et la pêche y est abondante; dépôt de marchandises et communication par bateau à vapeur

[1] Voir la carte de l'Hydrographie française N° 1587 : Côte de Prusse, d'Arkona à la baie de Stettin.

avec Stettin. Wöllin, également sur la rivière, possède 4,979 habitants ; on y construit des navires et on y fait la pêche. Elle arme 11 navires de 702 tonneaux.

Bateau de sauvetage. — On entretient un bateau de sauvetage et un mortier à Ouest Dievenow et un appareil à fusée à Hoff.

BAIE DE SWINEMÜNDE. — A l'Ouest de l'embouchure de la rivière Dievenow la côte se dirige à l'O. S. O. pendant à peu près 15 milles, puis au N. O. environ jusqu'à la pointe Peene, et forme ainsi la baie de Swinemünde, au fond de laquelle coule la rivière Swine, qui verse à la mer les eaux de l'Oder et qui conduit à Stettin. Les côtes de la baie sont généralement très-basses, avec quelques mornes, et presque entièrement couvertes de forêts ; les terres de l'Ouest sont cependant un peu plus élevées que celles de l'Est (voir la vue N° 15, planche II).

Balise Kieseberg. — Sur le côté Est de la baie sont quelques mornes de sable blanc, parmi lesquels les plus remarquables sont Swinehöft et Kieseberg. Sur ce dernier, qui gît à 11 milles au N. E. du port, on a placé une balise hexagonale avec chapeau ; elle ressemble assez bien à un moulin à vent hollandais sans ailes, avec une girouette au sommet ; elle a 12 mètres de hauteur, et elle est peinte en blanc.

Balise Streckelsberg. — Sur le côté Ouest, à mi-distance entre Swinemünde et l'île Greifswalder, il y a plusieurs mornes de sable blanchâtre, parmi lesquels le Streckelsberg, qui gît à 12 milles dans le N. O. de Swinemünde, est un amer très-remarquable. On a bâti sur ce morne une pyramide à trois faces, qui a 10^{m}6 de hauteur ; elle est peinte en noir, et surmontée d'une tonne placée horizontalement au-dessus et peinte en noir également. L'intérieur des terres est généralement boisé dans cette partie, et la côte N. de l'île Usedom, après la ville de Peenemünde, est basse et couverte de bois.

Le banc Oder. — L'extrémité Sud de ce banc, avec 5 mètres d'eau, est à 13 milles $\frac{3}{4}$ dans le N. 19° E. du grand phare de Swinemünde ; de là il s'étend, en prenant pour limites les sondes de 10 mètres, pendant 16 milles au Nord et 11 milles Est et Ouest dans la partie où il est le plus large ; à 5 milles au N. N. E. de la tête de 5 mètres qui est au Sud du banc il y en a une autre de 5 mètres dans le même relèvement du phare, et une troisième tête de 5^{m}5 également est à 21 milles au N. 8° E. du phare. On passe dans l'Ouest de la tête du Sud en tenant le feu de Swinemünde au Sud du S. 14° O. et dans l'Est en le tenant à l'Ouest du S. 25° O., relèvement qui fait parer également le banc de l'Est. On passe à l'Ouest du banc de l'Ouest en tenant le feu au Sud du S. 6° O., si on le voit, et on en passe au Nord en tenant le feu de Greifswalder au Sud de l'O. 8° S. Le fond sur le banc se compose de sable fin de couleur claire et il est très-accore à son extrémité Sud, où l'on passe tout d'un coup de 5ᵐ5 et 7ᵐ3 à 12ᵐ8 et 14ᵐ6 : aussi le plomb de sonde n'est-il pas un bon guide quand on approche le banc de ce côté.

Le banc Oder forme pour les grands navires, en quelque sorte, deux passes vers Swinemünde : une à l'Ouest et une à l'Est. Les bâtiments qui ne calent pas plus de 3 mètres peuvent toujours, il est vrai, franchir le banc sans aucun danger; cependant, par les grands vents de Nord et à l'Est, il y a de nombreux brisants, et on doit conseiller aux marins d'éviter le plus possible ce banc en pareille circonstance.

Balise. — Au S. q. S. O. de la tête la plus Sud de 5 mètres on a placé une tonne-balise rouge, élevée de 7 mètres à peu près au-dessus de l'eau, avec 2 ballons noirs l'un sur l'autre au sommet. Elle reste à 13 milles ¾ au N. 19° E. du grand phare de Swinemünde, par 54° 7' 46" N. et 12° 5' 24" E.

Récif Koserow. — Devant le Streckelsberg, sur lequel se trouve la balise citée plus haut, gît un récif qui se prolonge à 1 grand mille dans le Nord, et sur lequel la sonde donne 7ᵐ3 de fond. Ce récif est parsemé de rochers, parmi lesquels le Koserow est celui qui gît le plus au large; il n'y a que 2ᵐ7 de fond sur cette roche, mais elle est accore dans l'Est.

Le **banc Vineta** est un banc de roche triangulaire qui s'étend à 1 mille au large de la terre jusqu'aux fonds de 7 mètres, et sur quelques parties duquel on ne trouve que 1ᵐ5 et 2ᵐ1 d'eau. Il s'étend entre les villages de Zempin et de Koserow. On dit que ce sont les ruines de l'ancienne ville de Vineta, capitale des Vandes, engloutie par la mer. Ce banc et celui de Koserow sont indiqués par une balise *noire* avec deux ballons placée à 1 mille ⅓ de la terre, en dehors et au milieu des deux récifs, visible de jour à trois milles.

Le **banc Zinnovitzer**, sur lequel il n'y a que 3ᵐ6, fond de roches, gît à 7 milles dans le S. 50° E. de la pointe Peene, extrémité Nord de l'île Usedom, et à 2 milles de la terre; il a 3 encablures ¼ de longueur du N. O. au S. E. sur 1 encablure ⅓ de largeur, et la sonde donne 7ᵐ3 de fond tout autour de ses bords. Il est le plus extérieur des dangers qui bordent cette partie de la côte, et difficile à éviter avec la sonde, à cause de l'inégalité des fonds qui l'entourent du côté du large. Pour en passer dans l'Est il ne faut pas relever l'extrémité Nord de la pointe Peene à l'Ouest du N. 55° O.

Le **PORT DE SWINEMÜNDE** est l'embouchure de la rivière Swine; il est formé par deux jetées ou môles : celui de l'Est s'avance en mer pendant 6 encablures $\frac{1}{4}$ en se recourbant vers le N. N. O. jusqu'au fond de 6ᵐ 4; celui de l'Ouest court au N. N. E. d'abord, puis au N. N. O., parallèlement à celui de l'Est. La passe entre les deux môles fait face au N. N. O., et il y a 7 mètres de fond au moins dans le canal jusqu'à Swinemünde, qui est à 1 mille $\frac{1}{4}$ dans l'intérieur. La passe, à l'entrée, a une largeur de 110 à 150 mètres.

Le côté Est du canal est sain, mais son côté Ouest est bordé de bancs dont la position change et dont les bords sont signalés par des bouées. A l'endroit où la jetée Est se joint à la terre, et lorsqu'on a dépassé les fortifications qui s'y relient, on rencontre à bâbord un petit port assez bon qui gèle rarement pendant l'hiver, et dans lequel on peut mouiller lorsque la partie du canal qui est plus en dedans est obstruée par les glaces. Après cet endroit le canal s'élargit, et une corvette peut y mouiller en ayant soin de se placer plus près de la côte Est que de la côte Ouest. Presque par le travers commence un grand plateau marqué par trois balises. En face de ce plateau et auprès des quais, qui sont à tribord, les bâtiments d'un tirant d'eau de 3ᵐ 6 à 4ᵐ 2 peuvent mouiller partout, et le canal qui conduit à ce mouillage n'a pas moins de 5ᵐ 4 d'eau; mais on trouve à cet endroit des courants si rapides, qu'il est prudent de bien s'amarrer à terre. Dans l'Ouest, et un peu plus en dedans, on rencontre encore un autre port où l'on est bien à l'abri du courant; il est situé par le travers des principales constructions de la ville.

La **barre** est devant les têtes des môles et il y a dessus 5ᵐ 40 d'eau environ; mais cette profondeur peut varier après un coup de vent du large. Un banc qui commence à l'extrémité du môle de l'Est borde la côte à l'Est du port ; il a $\frac{1}{2}$ mille de largeur jusqu'aux fonds de 5ᵐ 49 auprès du môle, puis il va en se rétrécissant graduellement dans l'Est jusqu'à une largeur de 3 encablures $\frac{1}{2}$ qu'il conserve. Devant le môle de l'Ouest le banc de sable s'étend à 5 encablures au Nord jusqu'aux sondes de 3ᵐ 6; il va de là vers l'Ouest, en bordant la plage jusque devant le village d'Ahlbeck, où il n'a plus que 3 encablures $\frac{1}{2}$ de largeur jusqu'aux sondes de 5ᵐ 4.

Bouées. — Une tonne noire, mouillée à 1 encablure $\frac{1}{2}$ au N. O. du phare de la jetée Est par 6ᵐ 7 d'eau, signale le côté Est de l'entrée du canal. A l'extrémité extérieure ou N. E. du banc de l'Ouest, une grosse tonne blanche, mouillée par 5ᵐ 18 de fond, signale le côté Ouest de l'entrée du canal. Trois tonnes blanches au Sud du môle de l'Ouest indiquent le bord du banc qui longe le côté Ouest du canal dans l'intérieur. Enfin, une grosse bouée à cloche, à raies blanches et noires est mouillée devant l'entrée du canal par 9 mètres, à 9 encablures de la tête du môle de l'Est, dans l'alignement des balises.

La **rade** est devant les jetées ; on mouille par 9 à 10 mètres d'eau, à 1 ou 2 milles de la tête de la jetée de l'Est et en relevant le phare à feu *rouge* au S. E. q. E. environ. Ce mouillage est mauvais avec les vents du large, auxquels il est entièrement ouvert.

PHARES. — Sur l'extrémité du môle de l'Est se trouve une tour ronde blanche à dôme noir élevée de 13^{m}4, qui montre, à une hauteur de 11^{m}9 au-dessus de la haute mer, un feu *fixe rouge*, visible de 10 milles dans un angle de 180 degrés ou entre l'O. 10° S. et l'E. 10° N. par le Nord. On le nomme feu de Stettin.

A 1 mille au S. 15° E. du phare de Stettin, sur l'extrémité intérieure du môle de l'Est, par 53° 55′ 0″ N. et 11° 57′ 29″ E., est le phare de Swinemünde, tour octogone en briques jaunes, avec dôme noir, élevée de 63^{m}4 et placée au centre de la maison des gardiens ; elle montre un feu *fixe blanc* haut de 64^{m}4 et visible de 21 milles depuis le N. O. q. N. par le Nord pendant 270 degrés. On hisse un pavillon *vert* sur le phare pour prévenir que l'entrée du port est impraticable.

Ballon d'heure. — Ballon d'heure à midi temps moyen du lieu et à midi temps moyen de Greenwich.

Balises. — Au milieu du môle de l'Est et à 800 mètres dans le Sud du petit phare il y a un grand échafaudage en bois au milieu duquel se dresse un mât qui a 10^{m}54 de hauteur au-dessus du môle et 11^{m}78 au-dessus de la mer, et au sommet duquel on a cloué une grande boule. C'est sur cette balise que les pilotes font les signaux de direction avec un pavillon *rouge* aux navires qui entrent.

Sur la dune dans l'Est du môle de l'Est on a placé une autre balise élevée de 12^{m}71 au-dessus de la mer : elle porte trois triangles rouges, le plus élevé étant le plus petit ; les deux tiers supérieurs de sa base sont bordés de planches peintes en rouge. Cet amer, tenu au S. 35° E. par la balise ci-dessus, donne la direction à suivre depuis la bouée à cloche jusqu'à 4 encablures en dedans du môle de l'Est.

Sur la tête du môle de l'Ouest et sur son extrémité intérieure il y a deux grandes balises dont l'alignement N. 15° O. passe un peu dans l'Est de la bouée à cloche. Il y a en outre au côté Ouest de la passe une grande tour en pierres de 12^{m}9 de hauteur, avec une galerie au sommet : elle est peinte en blanc, surmontée d'une toiture basse ; elle sert de tour de veille aux pilotes, et on la voit d'une distance de 16 milles par temps clair.

PILOTES. — Par tous les temps qui permettent à un pilote de venir à bord on trouvera, pendant le jour, le vapeur des pilotes (reconnaissable au pavillon de pilote allemand en tête du grand mât) dans la baie, en dehors du port, à une distance de 4 à 20 milles. Les bâtiments qui approchent, de nuit, de la rade reçoivent un pilote aussitôt qu'ils se sont fait reconnaître par les feux de signaux, et ils peuvent, si l'état du temps le permet, être conduits dans le port.

INSTRUCTIONS. — Lorsqu'on atterrit sur la baie de Swinemünde on ne voit d'abord qu'une série de mornes boisés semblables à des îles, parmi lesquels le Kieseberg et le Streckelsberg avec leurs balises sont les plus remarquables (vue N° 15, planche II); entre les deux on voit se détacher sur l'horizon le grand phare de Swinemünde, avec les clochers de la ville, et en approchant, la tour des pilotes, deux moulins à vent, etc. Si l'on vient du Nord, avec des vents du N. O. ou de l'Ouest, il faut amener le grand phare de Swinemünde au S. S. E. et gouverner dessus. Avec des vents de N. E. ou plus Est, il faut se tenir davantage dans l'Est, amener le phare au S. q. S. E., puis mettre le cap dessus; on va ainsi jusqu'en rade, sur laquelle on mouille comme il est dit plus haut.

Quand on louvoiera dans la baie de Swinemünde il faudra se garder de trop approcher de la côte Ouest et des roches dangereuses Vineta et Koserow, situées près de cette côte; pendant la nuit, on restera sur des fonds de 15 mètres au moins pour éviter ces dangers et on ne relèvera pas le feu principal de Swinemünde plus Est que le S. 30° E.; avec un navire d'un grand tirant d'eau louvoyant entre le banc Oder et l'île Greifswalder, évitez de relever le feu de Swinemünde plus Ouest que le Sud, afin de ne point tomber sur l'accore du plateau du banc Oder, où des bâtiments calant 4^m 40 à 5 mètres peuvent toucher à la lame.

Dans le Sud du Streckelsberg, que l'on reconnaît aisément à sa balise, la côte est saine, et l'on peut s'en approcher sans danger jusqu'aux fonds de 9^m 40; on conseille néanmoins de louvoyer plus dans l'Est, parce qu'avec les vents du Sud le courant qui sort ordinairement du port porte vers cette côte. Avec des vents de l'O. N. O. à l'Ouest et au Sud cette même côte offre un bon et sain abri, avec un fond de bonne tenue.

Par des coups de vent du large, avec lesquels le courant entre toujours violemment dans la baie et dans le port, les bâtiments ne doivent pas s'approcher de Swinemünde la nuit, mais rester en cape dans le Nord de l'île Greifswalder jusqu'au point du jour. Ils auront ainsi de l'espace pour dériver, et ne s'approcheront que lorsqu'il fera assez clair pour bien voir les marques indispensables de la route.

Lorsqu'on ne rencontre point de pilote au large et lorsqu'en approchant du port on voit un pavillon *vert* sur la tour du phare, on ne doit pas chercher à entrer dans le port, mais bien tenir la haute mer.

Entrer dans le port. — Si par un coup de vent du Nord ou d'Est on était forcé de donner dans le port sans pilote, on gouvernerait sur le grand phare, au S. S. E., jusqu'à voir la grande bouée à cloche, dont on passera dans l'Est, en tenant l'une par l'autre les deux grandes balises qui sont sur la jetée Ouest. On ira ainsi vers l'entrée du port jusqu'à ce que l'on voie par le travers à bâbord la tonne *noire* qui gît devant la tête de la jetée de l'Est, ou, si la bouée n'était pas à sa place, jusqu'à voir la balise des signaux de la jetée de l'Est par la balise de la dune de l'Est; on vient alors brusquement sur cet alignement au S. 35° E. en veillant attentivement les signaux faits sur la jetée avec le pavillon *rouge*, et on arrive ainsi jusqu'à environ 1 encablure au Nord de la balise-signal.

Si l'on n'a pas pu avoir de pilote plus tôt, il en vient un à bord à ce moment, et il faut diminuer de bonne heure la vitesse du bâtiment autant que possible afin de le prendre. En entrant dans le port, on laisse toutes les tonnes *blanches* à tribord.

Bateaux de sauvetage. — On entretient au port de Swinemünde trois bateaux de sauvetage, deux appareils à fusées, un mortier; il y a en outre un mortier à Neuendorf et un bateau à Ziegenort dans la mer de Stettin ou Grossen Haff.

La **ville de Swinemünde,** bâtie sur la rive gauche de la Swine, renferme 6,850 habitants; elle est le port de mer extérieur de Stettin, dont elle est éloignée de 30 milles $\frac{1}{3}$, et c'est à Swinemünde que s'arrêtent tous les grands navires qui ne peuvent pas traverser le Grossen Haff pour entrer dans l'Oder. On y trouve une commission de navigation, un corps de lamaneurs et de grands chantiers de construction. On y fait un commerce très-important et tout le transit du commerce maritime de Stettin. Swinemünde arme 24 navires de 8,490 tonneaux et 15 caboteurs. En 1868 il y est entré 3,849 navires jaugeant ensemble 636,262 tonneaux, dont 450 caboteurs de 18,000 tonneaux; il en est sorti 3,943 navires jaugeant ensemble 645,476 tonneaux, dont 524 caboteurs de 22,172 tonneaux. Le nombre des navires à vapeur entrés en 1868 a été de 842, avec un tonnage de 268,962 tonneaux.

LE HAFF. — Le canal qui conduit de Swinemünde à Stettin suit les nombreuses sinuosités de la rivière Swine, qui se dirige dans l'E. S. E., puis vers l'Est, au milieu d'un terrain plat et sablonneux jusqu'à l'entrée d'une mer intérieure nommée Grossen Haff à l'Est et

Kleinen Haff dans l'Ouest; le canal est très-étroit, mais il est bien balisé avec des bouées noires à bâbord et des bouées blanches à tribord, de telle sorte qu'on pourrait avec quelques précautions le traverser sans pilote; mais il est d'usage d'en prendre un à Swinemünde pour cette navigation. La mer intérieure dans laquelle on entre a 25 milles de longueur de l'Est à l'Ouest et 8 milles de largeur moyenne; elle est divisée en deux bassins par le banc Voitziger, qui termine au Sud la presqu'île Voitzig. C'est à son extrémité S. E. que l'Oder vient verser ses eaux, après avoir passé à Stettin. Pour guider les bâtiments qui traversent la nuit le Grossen Haff, on a mouillé trois bateaux-feux pour signaler les pointes saillantes des bancs [1].

Tout le pourtour du Haff est couvert de villes et de villages dans lesquels on fait la pêche et on construit des navires; les plus importants sont : Pölitz, 3,867 habitants, et Jasenitz, 1,400 habitants, qui arment (1872) 4 navires de 120 tonneaux; Ziegenort, 2,000 habitants, 22 navires; Altwarp et Neuwarp, 2,047 habitants, 7 navires; Bellin, 1,482 habitants, 2 navires, dont un bateau à vapeur; Uckermünde, 3,875 habitants, 37 navires de 13,038 tonneaux, presque tous de long cours; Usedom, 1,717 habitants, 2 navires de 44 tonneaux; Wöllin, 4,979 habitants, 11 navires de 702 tonneaux; Stepenitz, 2 navires de 348 tonneaux.

Le **bateau-feu de Krickser Haken** est par $4^m 1$ à l'extrémité Est du banc de ce nom, à 3 milles environ dans l'E. S. E. du Lebbiner Berge, au Nord de la mer. Il montre deux feux *fixes blancs* verticaux : le feu supérieur, qui est élevé de $9^m 40$ au-dessus du niveau de la mer, est visible de 7 milles avec une atmosphère claire, et le feu inférieur de 2 milles. Ce dernier a pour but d'empêcher qu'on ne confonde le bateau-feu avec les navires qui pourraient être mouillés dans son voisinage.

Le bateau est un côtre gréé, rouge, avec le mot *Kricks* en lettres blanches sur les côtés. Il porte un ballon rouge en tête de mât pendant le jour; avec la brume on sonne une cloche à bord de 5 minutes en 5 minutes. On le laisse à tribord en allant à Stettin.

Le **bateau-feu de Schwantewitz** est mouillé par $4^m 7$ dans l'Ouest de l'extrémité du banc de ce nom, à l'entrée Nord du Kuhlen; il montre deux feux verticaux *fixes blancs*. Le feu supérieur est élevé à $9^m 40$ au-dessus de la mer, et avec une atmosphère claire on pourra le voir de 7 milles; le feu inférieur est visible de 2 milles, et il sert principalement à faire reconnaître le bateau-feu. Le bateau est un côtre gréé, rouge, avec le mot *Schwantewitz* en lettres blanches sur les

---

[1] Voir le plan de l'Hydrographie française N° 2588 : Rivière de Stettin.

côtés; il porte pendant le jour un gros ballon rouge en tête de mât, et lorsqu'il y a de la brume on sonne une cloche chaque 5 minutes. On en passe à l'Est.

Le **bateau de Voitzig** est mouillé par 7ᵐ5 à l'extrémité Sud du Woitziger Hakens, entre les deux mers, et à 2 milles ½ au Sud de la presqu'île Voitzig. Il montre deux feux *fixes blancs* verticaux : le supérieur est élevé de 9ᵐ40 et visible de 6 milles; l'inférieur est haut de 7ᵐ52 et visible de 3 milles avec une atmosphère claire. Le bateau est un côtre gréé, rouge, avec le mot *Voitzig* écrit dessus en lettres blanches; dans le jour on hisse un ballon rouge en tête de mât, et lorsqu'il y a de la brume, on sonne une cloche de 5 minutes en 5 minutes. On en passe au Sud.

Le **feu d'Uckermünde,** placé sur le môle de l'Ouest, à l'entrée de l'Ucker, est *fixe blanc*, élevé de 11ᵐ2 au-dessus du sol, et par une atmosphère claire il peut être aperçu d'une distance de 6 milles. Il est fixé sur une balise noire en bois haute de 7ᵐ9 et signale le canal entre le Repnitzer Schaar et le Kamig Haken.

Eau. — On trouve à faire dans le Kuhlen de l'eau excellente et qui se conserve parfaitement en mer.

La **VILLE DE STETTIN**, bâtie sur la rive gauche de l'Oder, est la capitale de la province de Poméranie, le chef-lieu de la régence de son nom et de celle de Sandow. Sa population est de 76,150 habitants environ. Elle est formée de la ville proprement dite et du faubourg de Lastadie, situé sur la rive droite de l'Oder, et possède un observatoire et une école de navigation. Stettin est entourée de retranchements, de fossés et de marais, les ouvrages extérieurs s'étendant très-loin. C'est le port de commerce le plus important de la Prusse; mais les grands navires ne peuvent y arriver. On y trouve des fabriques d'appareils de sauvetage, savon, cuirs, tabac, draps, chapellerie, cotonnades, bas, sucre, liqueurs, rubans, toile à voiles, lainages; des distilleries, des brasseries, des chantiers de construction, des ateliers pour la fabrication des machines et des ancres. En 1871 il est entré à Stettin 2,358 navires de mer, dont 937 vapeurs, et il en est sorti 2,151, dont 1,185 vapeurs. Les importations s'étaient élevées la même année à 180,000,000 de francs et les exportations à 146,400,0.0 francs. Stettin arme 157 navires de 56,254 tonneaux, 8 caboteurs, 21 bateaux à vapeur de 5,756 tonneaux et 33 remorqueurs de rivière. On y trouve des services de bateaux à vapeur qui vont par l'Oder à Francfort, des vapeurs pour Amsterdam, Copenhague, Danzig, Demmin, Greifswald, Hull, Kammin, Königsberg, Leith, Memel, Riga, Rotterdam, Rügen,

Saint-Pétersbourg, Stockholm, Stolpe, Stralsund, Swinemünde et New-York; chemins de fer de Stettin à Berlin, Hambourg, Danzig, et à Breslau par Posen; chemins directs à Breslau et à Swinemünde en construction. Presque toutes les puissances maritimes y ont des consuls.

L'ODER a un cours de près de 200 lieues. Sa source est en Moravie, sur les confins du cercle d'Olmütz. Il coule d'abord au S. E., puis au N. O., traversant la Silésie, le Brandebourg, la Poméranie, et baignant les villes d'Oderberg, de Ratibor, où il devient navigable pour de petits bateaux, de Breslau, Glogau, Francfort, Kustrin, Stettin; il reçoit l'Ohlau, la Bober, la Neisse et la Warthe : cette dernière, qui se grossit de la Netze venant de la Pologne, joint l'Oder près de Kustrin. Sur les limites de la Poméranie, l'Oder se divise en quatre bras qui, réunis près de Stettin, se jettent dans le Haff, lequel se décharge dans la Baltique par la Peene, la Swine et la Dievenow. Il est navigable pour de grands bateaux à Kosel, et à Breslau pour des bâtiments jaugeant jusqu'à 1,000 tonneaux. L'Oder communique avec l'Elbe par le canal Finow et le Havel, avec la Sprée par le canal Müllrose, et avec la Vistule et le Pregel par la Warthe, la Netze et le canal de la Netze; au-dessous de Kustrin, la navigation se fait sur un parcours de 10,000 mètres par un canal dérivé de l'Oder. Des bateaux à vapeur desservent le fleuve depuis Breslau jusqu'à Stettin.

La **BAIE GREIFSWALDER**, ou mer de Greifswald, est une grande baie qui s'enfonce dans l'île Rügen; elle est limitée au N. E. ou du côté du large par la presqu'île qui s'étend au Sud de la pointe Peerd, à l'Est par l'île Greifswalder et le banc de sable qui la termine au S. O., et au S. E. par la pointe Peene, extrémité Nord d'Usedom, à l'Ouest de laquelle la rivière Peene vient se jeter dans la baie. Son embouchure, comprise entre les presqu'îles Peene au Sud et Thiessow au Nord, a 6 milles $\frac{1}{2}$ de largeur, mais elle est encombrée de bancs de sable qui ne laissent entre eux que trois canaux pour entrer dans la baie. Celui qui passe au Sud de l'île Greifswalder se nomme Tief de l'Est, et ceux qui en passent au Nord se nomment Landtief et Tief de l'Ouest. Ils conduisent dans la baie, au fond de laquelle gisent les villes de Greifswald, de Stralsund, etc. La profondeur de l'eau, dans la baie Greifswalder, ne dépasse pas 9^m 1, et on peut y mouiller partout en évitant les bancs, qui sont généralement signalés par des bouées.

Le **CANAL DE L'EST**, ou Tief de l'Est, passe au Sud de l'île Greifswalder et se dirige vers l'île Ruden; il est limité au Nord par le récif qui s'étend au S. O. de l'île Greifswalder et au Sud par celui qui s'étend au Nord de la pointe Peene et conduit au mouillage de l'île Ruden, à l'embouchure de la rivière Peene, et plus loin à Wolgast, Greifswald, Barth, etc. On y trouve 4ᵐ 5 d'eau à marée moyenne.

L'ÎLE GREIFSWALDER gît à 6 milles ½ dans l'E. q. S. E. de la pointe Thiessower et à 5 milles ½ dans le N. E. de la pointe Peene et a ⅚ de mille de longueur du N. E. au S. O. sur ⅓ de mille de largeur; elle est moyennement élevée, entourée de falaises blanchâtres, surtout vers le N. E. Les bancs qui entourent cette île s'étendent à 3 encablures dans le N. E. jusqu'aux fonds de 7 mètres, qui augmentent ensuite régulièrement; mais son extrémité S. O. est terminée par le récif Oier, qui s'étend d'abord à 1 mille ½ dans le S. O. avec des sondes de 0ᵐ 5 à 1ᵐ 5, puis à l'Ouest avec des sondes de 2ᵐ 1 à 3 mètres jusqu'à rejoindre le banc situé au Nord de l'île Ruden. Une bouée noire avec balai est mouillée au milieu de l'accore Sud de ce banc par 6ᵐ 4, le phare restant au N. 32° E.; en outre, un grand plateau de sable, qui décrit une courbe vers le N. O., réunit l'île au banc Thiessower, formant ainsi une barre sur laquelle les fonds varient de 3ᵐ 3 à 5ᵐ 49.

PHARE. — Sur l'extrémité N. E. de l'île Greifswalder, par 54° 15′ 8″ N., 11° 35′ 31″ E., est une tour en briques rouges, ronde avec dôme brun et élevée de 36ᵐ 6; elle montre un feu *tournant*, alternativement *blanc* et *rouge* pendant *45 secondes*, séparées par une éclipse de *45 secondes;* il est haut de 47ᵐ 1 au-dessus du niveau de la mer, et avec une atmosphère claire on pourra le voir de 18 milles sur tout l'horizon.

La **POINTE PEENE**, large presqu'île basse mais boisée, est terminée par un banc de sable nommé Peenemünder Haken, qui s'étend à 2 milles dans le N. N. E., avec des fonds de 1ᵐ 8 au plus dessus; le brassiage augmente ensuite rapidement à 5ᵐ 5 et 7 mètres entre l'extrémité de ce banc et le bord de celui qui vient de l'île Greifswalder; c'est dans cet endroit que passe le canal. Le Peenemünder Haken s'étend aussi de ⅔ de mille à 1 mille dans le N. O. jusqu'à quelques encablures de la pointe Sud de l'île Ruden, où le fond augmente tout à coup à 6 mètres et 11 mètres, formant ainsi dans cette partie du canal un bassin à grands fonds où l'on peut mouiller pour attendre les pilotes.

En dehors du Peenemünder Haken il y a le Gänsegrund, avec 3ᵐ 45 d'eau, signalé par une tonne à bandes rouges et noires avec mât, corbeille et girouette, mouillée au S. 42° O. du phare de Greifswald et à l'Est des balises Ruden, et le Nordergrund, signalé par deux balises noires avec des balais; enfin le Wrickertrendel, avec 3ᵐ 1 d'eau, est plus

à l'Est et signalé par une tonne blanche avec balai et pavillon, d'où
l'on relève le phare au N. 21° E. et les balises de Ruden au N. 70° O.,
mais elle est souvent enlevée par la mer.

L'ÎLE RUDEN a 1 mille ½ de longueur, du Nord au Sud, et son
extrémité Sud est une pointe aiguë; elle est basse, aride, et il n'y a
dessus qu'une station de pilotes que l'on aperçoit bien lorsqu'on est
à petite distance de l'île. Le récif qui entoure cette île s'étend beaucoup au Nord (voir page 55); mais à l'Est et au Sud elle est accore
et assez saine. Le petit récif qui la termine au Sud est signalé par une
bouée noire mouillée par 4ᵐ 8 d'eau, à toucher la pointe.

Banc Fresendorfer. — A 2 milles ½ dans le S. O. de l'île
Ruden gît la pointe Fresendorfer, qui limite au Nord la baie Spando-
wer, baie à petits fonds dans laquelle vient se jeter la rivière Peene.
Cette pointe est terminée par deux bancs: l'un s'étend à 1 mille ½ au
Nord vers Thiessow; son extrémité N. O. est signalée par une tonne
noire; l'autre s'étend à 2 milles vers la pointe Sud de Ruden, dont il
est séparé par un canal qui a 2 encablures de largeur avec des fonds
de 7 à 11 mètres. C'est ce canal qui conduit à Greifswald, à Wieck, à
Stralsund, etc.; une bouée blanche signale l'extrémité N. E. de ce
banc.

Balises, bouées. — On mouille ordinairement une bouée rouge
par 7ᵐ 4 devant l'entrée du canal: on en passe des deux côtés; du côté
Nord de l'entrée est une bouée noire et blanche, et au côté Sud une
bouée blanche avec pavillon blanc. Plus loin les bords du canal sont
marqués à tribord par des balises noires avec balais et à bâbord par
des balises blanches avec pavillons blancs.

Pour guider sur la barre on a placé en outre deux balises sur la
partie Nord de l'île Ruden : celle de l'Ouest est la plus basse, et elle
est terminée par une barrique; celle de l'Est, plus élevée, porte un
bras au sommet.

INSTRUCTIONS. — Pour donner dans le Tief de l'Est on s'approche de l'île Greifswalder, en tenant le phare au N. 15° O. jusqu'à
ce qu'on en soit à 2 milles et par des fonds de 9ᵐ 1 à 10 mètres. Rendu
dans cette position, et si le temps est clair, on verra les balises de
l'île Ruden; en les tenant l'une par l'autre, et en courant sur cette
route, avec la sonde à la main, on viendra passer très-près de la bouée
noire extérieure avec balai, qu'on laissera sur tribord et bien au Nord
de la bouée du Wrickertrendel. On passera ainsi sur des fonds qui
varieront entre 5ᵐ 4 et 7ᵐ 3, et en continuant cette route on verra
probablement la bouée rouge qui gît devant l'entrée du canal; on vient

alors un peu au Nord, de manière à ce que la balise à tonne paraisse au Nord de la balise à bras : on passera ainsi au Nord de la bouée du Gänsegrund, des balises du Nordergrund, et on ira sur la tonne rouge du canal, que l'on suivra en laissant les balises noires et blanches à bâbord et les balises blanches à tribord. Le canal franchi, on est guidé vers la rade par deux petites balises placées sur l'extrémité Sud de Ruden; on pourra mouiller devant la côte Est de l'île par des fonds de 5ᵐ 5 à 7ᵐ 3, en relevant la maison des pilotes à l'O. q. N. O., pour prendre un pilote, si l'on veut aller dans l'intérieur de la baie. L'employé de la douane vient à bord quand on est mouillé.

MOUILLAGES. — On peut mouiller à l'abri des vents de N. O. et de l'Ouest, sous l'île Greifswalder, par des fonds de 7ᵐ 3 à peu près, et à 5 ou 6 encablures de l'île, en relevant le phare au N. q. N. O.; également par 7ᵐ 3 de fond, à 2 milles environ de l'île, en relevant le phare au N. N. E., et plus en dedans avec un petit bâtiment par 5ᵐ 5, l'île restant entre le N. E. et le N. E. q. E. et la balise Est de l'île Ruden à l'Ouest. C'est à ces mouillages qu'on attend les pilotes de l'île Ruden, qui viennent lorsqu'on hisse le signal voulu.

ALLER À GREIFSWALD. — A partir de la pointe Sud de l'île Ruden, le canal qui va dans la baie court à l'Ouest pendant 1 mille ¾, puis au N. N. O., le long du récif Fresendorfer, et il conduit soit au mouillage dans l'Ouest de l'île Ruden, par 5ᵐ 5 et 7ᵐ 3 de fond, ou à Wieck et Stralsund en contournant par le Nord le banc Fresendorfer et la bouée noire qui signale l'extrémité N. O. de ce banc : il faut, pour aller à Wieck, quand on est à 4 encablures environ de cette bouée, venir à l'E. 29° S. avec le Petit Laderbow par l'église Nord de la ville de Greifswald. Cette route fait passer au Nord des bancs qui bordent la côte et conduit jusque devant l'entrée du canal. Les bâtiments d'un tirant d'eau de 3 mètres à 3ᵐ 6 peuvent mouiller à Wieck.

La Peene. — Un canal étroit, dans lequel les navires d'un tirant d'eau de 2ᵐ 1 peuvent passer, conduit de l'extrémité Sud de l'île Ruden, en passant entre le banc qui borde la presqu'île Peene à l'Ouest et la bouée de celui qui borde la pointe Est de la presqu'île Fresendorfer à l'Est, dans l'embouchure de la rivière Peene, par laquelle on va à Wolgast, Lassau et Anklam, petites villes maritimes où l'on fait la pêche et où l'on construit des navires. Des petits bâtiments peuvent remonter jusqu'à Demmin et, en traversant le Petit et le Grand Haff, aller jusqu'à Stettin. Wolgast, avec 6,202 habitants, arme 53 bâtiments à voiles de 15,046 tonneaux, 3 bateaux à vapeur et 11 caboteurs. Anklam arme 19 navires à voiles de 6,858 tonneaux et 11 caboteurs.

Pilotes. — On peut prendre des pilotes à la station de Greifswalder avant d'entrer dans le canal ou sur l'île Ruden, en mouillant comme nous l'avons dit ci-dessus.

Le **LANDTIEF** passe entre le banc Thiessower, lequel prolonge au Sud la pointe de ce nom, et celui qui s'étend au N. O. de l'île Ruden, et il donne directement dans la baie. Le banc Thiessower, qui entoure la presqu'île Thiessow, s'étend à 1 mille $\frac{1}{2}$ au Sud, avec 2^{m}1 d'eau à cette distance; le brassiage augmente ensuite tout à coup entre son bord et un banc triangulaire recouvert seulement de 2^{m}2 à 2^{m}7 d'eau. Dans le canal Landtief, la hauteur moyenne de celle-ci est de 4^{m}5. Avec des vents d'Est. la mer peut baisser de 0^{m}313 à 0^{m}41.

Bouées. — Le Landtief est signalé par les bouées ci-dessous : par une tonne peinte en rouge, pointue, portant un mât en fer avec corbeille, mouillée devant l'entrée du canal par 5^{m}35, et des deux côtés de laquelle on peut passer, au côté Nord de l'entrée du canal, par une bouée *noire* et *blanche*, et au côté Sud par une bouée *blanche* avec pavillon *blanc*. Les deux côtés du canal sont en outre signalés par des balises *noires* avec balais au côté Nord et par des balises *blanches* avec pavillons *blancs* au côté Sud; à l'entrée intérieure il y a également au côté Nord une bouée *noire* et *blanche* et au côté Sud une bouée *blanche* : il faut donc, quand on le traverse, tenir les bouées et les balises blanches à bâbord.

TIEF DE L'OUEST. — Le banc qui entoure l'île Ruden au Nord s'étend pendant 2 milles $\frac{1}{2}$ au N. O.; là il y a un sillon dans lequel la sonde donne 3 mètres d'eau. Les fonds diminuent ensuite à 2^{m}2 et 2^{m}7 pendant $\frac{1}{2}$ mille jusqu'à quelques encablures du banc Thiessower, formant entre les deux un banc triangulaire isolé, avec un canal de chaque côté : c'est le sillon du Sud, avec 3 mètres d'eau, que l'on nomme Tief de l'Ouest; il court N. q. N. E. et S. q. S. O. et dans la direction des arbres qui sont sur la pointe Peerd du Nord relevés par l'extrémité Est de la pointe Thiessower. L'entrée Nord de ce canal est signalée par un balai planté sur des fonds de 3^{m}6 près de son côté Est, mais il est peu utilisé à cause de sa direction presque perpendiculaire à la route pour entrer dans la baie.

Un **banc** de roches, le Steintrendel, sur lequel il y a 3^{m}1 de fond, gît à 2 milles dans l'Est de la pointe Thiessower; on y relève la pointe Thiessower à l'O. 5° S., la balise Est de l'île Ruden au S. 3° E. et la bouée extérieure du Landtief dans l'Est à $\frac{5}{6}$ de mille. Il est signalé par une bouée à carreaux rouges et blancs, en forme de quille.

sur laquelle est un mât en fer avec une girouette; sous cette girouette existe aussi un balai; en outre, il y a une balise à anneaux rouges et blancs. Après qu'on a enlevé les tonnes à l'automne, à cause des glaces, ce banc reste signalé par cette balise seule.

Banc Bottcher. — Dans l'O. S. O. du canal, et à 4 encablures en dedans de la dernière bouée, gît le banc Bottcher, avec 2ᵐ7 et 4ᵐ6 de fond dessus; il est signalé par une tonne rouge et blanche, et il ne faut pas en passer trop près. On en passe au Nord en tenant l'église de Greifswald à mi-distance entre le Petit Laderbow et le grand bois qui est au Nord de la ville.

Le **Petit Stubber,** sur lequel il y a 4 mètres et 4ᵐ6 d'eau, est à 1 grand mille dans l'O. q. S. O. de la tonne intérieure et signalé par une tonne blanche à l'Est; on y relève l'église de Bergen par l'extrémité Nord du Grand Vilm au N. 37° O., l'église de Putbus au N. 45° O. et l'église de Greifswald au S. 49° O. Ce banc s'étend dans l'Ouest et le Nord, et son extrémité Nord est signalée par une balise avec balai plantée au point où l'on voit l'église de Vilmnitz par l'extrémité Nord de Vilm. Il y a 5 encablures de distance, avec 6ᵐ7 et 9 mètres d'eau, entre ce banc et le banc Bottcher.

Le **Grand Stubber** est un rocher visible hors de l'eau. On a placé une perche sur le milieu de la roche visible. On y relève Putbus au Sud du Petit Vilm, au N. 30° O., et l'église de Greifswald par le grand bois, au S. 45° O. Ce banc s'étend peu au Nord et à l'Ouest, mais à 1 grand mille au Sud et à 1 mille à l'Est jusqu'aux fonds de 5ᵐ1.

Le **banc Schumacher** est un large plateau sur quelques parties duquel il n'y a que 2ᵐ70 de fond; il est signalé par une bouée rouge mouillée par 4ᵐ8, auprès de son bord N. O. : on y relève le château de Putbus entre le Grand et le Petit Vilm, au N. 45° O., et le clocher de Kroslin par l'extrémité Est de la presqu'île Fresendorfer, au S. 22° E. Un autre petit banc avec 4ᵐ01 d'eau seulement gît dans la partie Nord de la baie; il est signalé par un mât surmonté d'un ballon.

INSTRUCTIONS. — En venant du Nord on passe devant le Peerd du Nord à une distance de 2 milles environ, et l'on gouverne de là vers la rade extérieure de Thiessow. Mais il ne faut pas approcher la côte plus près que l'endroit où on relève la tour de l'église de Wusterhausen (élevée et pointue) bien ouverte de la pointe Thiessower, pour éviter le Damnriff, situé entre le Peerd du Nord et Thiessow; on laisse sa balise noire avec balai à tribord en suivant cette route. On fait alors le S. 32° O., jusqu'à ce que le Grosse Zickerberg et le Kleine Zickerberg soient à une longueur de navire l'un de l'autre. On aperçoit alors la bouée de l'entrée du Landtief au S. 32° O. et on se trouve dans une rade ouverte où l'on a 8^m 2, fond de bonne tenue, et où l'on peut mouiller. Quand le temps est maniable, on rencontre les pilotes sur la rade extérieure. Si l'on vient de l'Est, il faut relever le Thiessower Hoft à l'O. 9°S. et suivre cette route jusqu'à ce que l'on ait dépassé le Steintrendel ; de là on pourra gouverner sur le mouillage de la rade extérieure ou sur la tonne du canal, si l'on peut entrer dans le Landtief [1].

Avec un fort coup de vent, principalement de la partie de l'Est, le navire est très-exposé : aussi, dans ce cas, il faut tenir la mer et ne s'approcher de Thiessow que lorsque le coup de vent est passé. Si cependant un bâtiment se trouvait forcé par les circonstances de s'approcher de Thiessow, il faudrait, après avoir passé la rade extérieure, gouverner sur la tonne de l'entrée du canal de Landtief, le cap au S. 32° O.

Quand, par suite du mauvais temps, les pilotes ne peuvent pas sortir du Landtief, ils se tiennent le plus souvent, si le temps est maniable, dans les environs de la tonne *rouge*, et de là ils indiquent aux navires la route à suivre ; puis ils se placent devant le navire, qu'ils conduisent ainsi au travers du Landtief, lequel est assez large pour y louvoyer au besoin, et où l'on pourra toujours prendre le pilote. On peut aussi y attendre la douane. La route, en partant de la tonne *rouge* de l'entrée pour traverser le Landtief, est l'O. 35° 40′ S.

Le vieux canal, qui est signalé par des tonnes, n'a que 3^m 6 d'eau à marée moyenne. La route pour le traverser en venant de la mer, et jusqu'à son extrémité, est l'O. 26° S. et l'O. 2° S., si le vent est favorable ; on laisse à tribord les tonnes *noires* et à bâbord les tonnes *blanches*. Quand on les a dépassées, on fait 1 encablure au N. O. q. O., et on peut alors aller mouiller dans la rade de Kleine Zicker et y attendre la douane.

Toutes les tonnes dans ce district sont enlevées le 15 novembre ; et au printemps, aussitôt que les canaux sont libres de glace, on les remet en place. Dans l'hiver, les canaux sont signalés par des balises d'hiver.

ALLER A PUTBUS. — Si l'on va dans la partie Nord de la baie, on viendra sur tribord, au N. 40° O., en tenant Bergen par le clocher de Vilmnitz pour passer entre le Petit Stubber et le banc qui borde

---

[1] D'après les cartes les plus récentes, il y aurait dans l'Est de ce banc une grande bouée à damier qui serait mouillée par 9 mètres d'eau dans l'alignement de la pointe Peerd par la pointe Jasmund.

la presqu'île de Guth à l'Ouest. Généralement le pilote vient à bord quand on est devant Grosse Zicker, petit village qui est au N. E. de la baie Zicker et au Sud de la presqu'île de Guth; ou bien l'on va mouiller sous l'île de Vilm, près de Lauterbach, sur 6 mètres de fond. Lauterbach est le port de Putbus, situé à 1 mille dans l'intérieur.

ALLER À GREIFSWALD [1]. — Si l'on veut aller au mouillage de Greifswald, il faut, une fois la bouée intérieure du Landtief doublée, mettre le cap à l'O. 39° S. en tenant la tour de l'église de Greifswald (98 mètres) à mi-distance entre le Petit Laderbow et le bois qui est au Nord de la ville, et aller ainsi jusqu'à relever l'église de Wieck au S. 27° O. On passera par des fonds de 5^{m}1 au moins dans l'Est du Grand Stubber, et on viendra reconnaître la bouée blanche qui signale le bord Nord du banc Salzboden et l'entrée du canal qui conduit au mouillage de Wieck; rendu devant cette bouée, on viendra au S. 27° O. sur l'église, on laissera sur tribord les deux bouées qui signalent le banc Salzboden, on passera près et dans l'Ouest de la bouée noire qui signale l'extrémité N. O. du Mittelgrund, et on mouillera devant les têtes des jetées sur 3^{m}3 à 3^{m}6 de fond. On a creusé dans le Riek, entre Wieck et Greifswald, un canal qui a 3 mètres de profondeur.

La **ville de Greifswald** est construite sur le Riek, à 2 milles $\frac{1}{2}$ dans les terres. Sa population est de 17,208 habitants, adonnés principalement à l'agriculture, au commerce et à la navigation. On y trouve des fabriques d'épingles, de tabac, de savon, de cuir, d'huile, de grandes salines et des chantiers pour la construction des navires. Les mouvements du port, entrée et sortie, peuvent être évalués à 400 navires de 40,000 tonneaux. Greifswald arme 43 navires jaugeant 6,006 tonneaux et 11 caboteurs.

ALLER À STRALSUND. — Pour aller à Stralsund on passe indistinctement au Nord ou au Sud du Grand Stubber. Si l'on en passe au Sud, il faut, une fois la bouée intérieure du Landtief doublée, venir à l'O. 33° S. pendant 3 milles $\frac{1}{2}$ ou jusqu'à relever au Nord la perche qui signale le Grand Stubber; on aura laissé sur tribord la bouée du Petit Stubber à une bonne distance. Quand on est au Sud du Grand Stubber, on voit sur la terre de Stralsund le clocher de Reinekenhagen, isolé et bien apparent; tenez-le à l'O. 5° S. dans l'alignement ou un peu fermé d'un petit bois qui est près de la côte. Ce relèvement

---

[1] Entre la tonne rouge du banc Schumacher et la pointe du banc de Fresendorfer Haken se trouve un bâtiments coulé par 3^{m}45 d'eau; on y relève la pointe Nord de l'île Ruden à l'E. 7° S. et le Thiessower Huck au N. 30° E. Cette épave, recouverte de 1^{m}25 d'eau, est signalée par une bouée verte, surmontée d'un balai avec pavillon vert, mouillée dans l'Est.

vous fera passer au Sud du Grand Stubber et vous conduira jusque devant l'entrée du canal de Stralsund, encombré de bancs au milieu desquels il faut chenaler [1].

Le **bateau-feu de Palmerort** est mouillé par 5^{m}3 d'eau au Sud du canal de Stralsund, à $\frac{1}{4}$ de mille au Sud de la pointe Palmer. Il montre un feu *fixe blanc*, élevé de 11 mètres au-dessus de la haute mer, et par une atmosphère claire on pourra le voir d'une distance de 10 milles. Le bateau est un côtre gréé, rouge, ayant le mot *Palmer-ort* écrit sur les côtés, et portant pendant le jour un ballon rouge en tête de mât. Lorsqu'il y a de la brume on sonne une cloche. On doit passer au Nord du bateau.

Bancs. — On évitera au Sud les hauts-fonds qui entourent l'île Koos, et qui s'étendent à 1 mille $\frac{1}{2}$ au Nord, avec des fonds de 0^{m}95 à cette distance; ceux qui entourent la pointe Palmerort, avec 1^{m}5 et 2^{m}4 d'eau dessus, et qui se prolongent à 5 encablures au S. S. E. jusqu'aux fonds de 3^{m}3 et 3^{m}9.

Le **Mittelgrund** ou banc du Milieu, qui commence à 4 encablures $\frac{1}{4}$ dans l'Ouest de la pointe Palmerort, s'étend pendant 2 milles $\frac{5}{6}$ dans l'Ouest jusqu'à 5 encablures de la pointe sur laquelle est Stahl-brode, avec des fonds qui varient depuis 1^{m}8 jusqu'à 3 mètres. On passe ordinairement au Nord de ce banc, dont l'accore Nord est signalé par 5 bouées blanches mouillées par 3 mètres de fond. Après le Mittelgrund le fond augmente, et le canal est à peu près sain jusqu'à Stralsund.

INSTRUCTIONS. — Pour donner dans ce canal, lorsqu'en sui-vant la route ci-dessus (O. 5° S.) on sera rendu devant Palmerort, on se placera de manière à relever le clocher de l'église de Stralsund, visible dans la direction du canal, à l'O. 29° N. et un peu ouvert par la pointe Palmerort, et le clocher de l'église de Neuenkirchen au S. 30° O. tangent à l'extrémité Est de l'île Koos; venez alors à l'O. 16° N. pendant 2 milles ou jusqu'à ce que le moulin de Malzin reste par la balise qui gît sur la côte et au N. 31° O.: cette route vous fera passer au Nord du bateau-feu de Palmerort, entre le banc qui borde Pal-merort et l'extrémité Est du Mittelgrund, et vous mènera auprès d'une bouée blanche mouillée par 4^{m}2 d'eau au milieu du canal; passez-en au Nord à petite distance, puis venez sur bâbord pour prolonger toutes les bouées qui signalent le bord Nord du Mittelgrund, en faisant

____

[1] Voir la carte de l'Hydrographie française N° 2586 : Côte de Prusse, de Rostock au phare d'Arkona.

l'O. 14° N. environ. Le Mittelgrund doublé, il n'y a plus de danger; il suffit de suivre le milieu du canal jusqu'à la pointe Drigge, et de là ranger la côte Est du canal, à cause des bancs qui bordent le côté Ouest jusqu'à Dänenholm.

Si, en quittant le Landtief, on voulait passer au Nord du Grand Stubber, on gouvernerait au N. 40° O. sur le sommet de l'île Vilm, jusqu'à relever le clocher de l'église de Greifswald au S. 36° O. à peu près. On viendrait alors au S. 57° O., vers l'entrée du canal de Stralsund, pour se ranger dans les relèvements ci-dessus.

Pilotes. — Il est toujours préférable de prendre un pilote pour aller dans tous les ports qui sont autour de la baie Greifswalder, surtout pour aller à Stralsund, à cause des difficultés que présente l'entrée du canal, car il paraît que pendant les grands coups de vent les bancs, en se déplaçant, modifient sa forme et sa direction. On trouve à Peerd, à Lobbe et à Thiessow, sur les presqu'îles Mönck et Guth, des pilotes qui marchent à tour de rôle; on viendra, en conséquence, en prendre un à celle des trois stations sur laquelle on verra flotter le pavillon des pilotes.

RADE DE PEERD. — Elle est entre la pointe Thiessower, ou pointe Nord de la baie Greifswalder, et la pointe Peerd du Nord, qui s'avance à l'Est et qui se termine au large par un morne étroit, blanchâtre et à pic. Cette pointe est très-basse, mais elle s'élève dans l'Ouest vers une hauteur sur laquelle on voit quatre grands arbres.

Il y a sur l'extrémité Est de la presqu'île Peerd du Sud une dune de sable que l'on nomme Thiessow. A l'O. N. O. de cette dune, près du Kleine Zicker, petite presqu'île réunie à Peerd du Sud par un isthme bas, se montre une dune élevée qu'on aperçoit bien de l'Est par-dessus l'isthme bas qui réunit Peerd du Sud à Guth. Le village de Thiessow est sur la presqu'île Peerd du Sud. Les deux mornes de Guth et de Mönck sont très-apparents. La côte Est du premier est formée de hautes dunes de sable, sur le sommet desquelles se dresse une balise. Sur la pointe Peerd du Nord, qui est d'une assez grande altitude et bien tranchée, croissent quelques arbres élevés et isolés. (Voir la vue N° 16, planche II.)

MOUILLAGE. — On mouille par 10 à 12 mètres, fond d'argile et sable, bonne tenue, à 1 mille dans le S. q. S. E. de la pointe Peerd du Nord et à 1 mille ½ de la côte; on est bien abrité des vents d'Ouest jusqu'au N. O. à ce mouillage, mais entièrement exposé aux vents du Nord et de l'Est. On mouille également plus au Sud, par 8^{m}2 à 9^{m}1, fond de sable fin, à 1 mille ½ de la terre : à ce dernier mouillage on relève la pointe Peerd du Nord au N. 5° E. et la pointe Thiessower au S. 54° O. En général on pourra mouiller partout entre les pointes Peerd du Nord et Thiessower, en se tenant en dehors du banc qui borde tout le contour de la baie, et qui s'étend dans quelques endroits à 6 encablures jusqu'aux fonds de 5^{m}48; on se rappellera seulement que lorsqu'on approche de la station des pilotes de Lobbe les fonds sont de roches et moins bons, et on veillera le Damnriff.

Damnriff. — En allant mouiller dans la partie Sud de la baie, on veillera un récif dangereux sur lequel il n'y a que 1^{m}5 à 1^{m}8 de fond; il gît entre le mouillage et Lobberort. On y relève l'église qui est près du Grand Zicker à l'O. 8° S. et l'église de Wusterhausen au S. 22° O. On le parera dans l'Est en tenant l'église de Wusterhausen bien ouverte dans l'Est de la pointe Thiessower. Il est signalé par une balise noire et un balai planté par 5^{m}4 de fond à son côté Est.

LA CÔTE. — De la pointe Peerd la côte se dirige vers le N. O. jusqu'à Granitzerort, où elle va dans l'Est, puis au Nord et au N. E., pour former la grande baie Prorer, limitée au Nord par la grosse presqu'île ronde et élevée de Jasmund. Jasmund présente au N. E. un large fronton arrondi, terminé par des roches de craie qui s'élèvent à une hauteur de 137 mètres environ, taillées en colonnes et ressemblant aux ornements d'un vieil édifice. L'endroit le plus remarquable est le Stubbenkammer, et le plus élevé Königstuhl.

Au N. O. de Peerd et dans la forêt de Granitz est une tour haute de 38 mètres et entourée par quatre autres tours plus petites. On voit aussi du large l'église de Lanken, à 2 milles $\frac{1}{2}$ dans les terres, dans le N. O. de la pointe Peerd, semblable à un château avec une tour élevée. Après Granitzerort, qui est à 5 milles dans le N. O. de Peerd du Nord, la côte est très-basse jusqu'à Jasmund. (Voir les vues N°s 16 et 17, planches II et III.)

BAIE PRORER. — La pointe Peerd du Nord est accore, et il y a 4^{m}5 de fond à 2 encablures de son extrémité; il en est de même de la côte entre elle et Granitzerort. On ne pourrait donc pas compter sur la sonde si l'on approchait de cette pointe pendant la nuit. La baie Prorer est comprise entre la pointe Granitzerort au Sud et la presqu'île Jasmund au Nord; elle a 7 milles de largeur du Nord au Sud, 3 milles de profondeur à l'Ouest, et l'on y trouve un très-bon abri contre tous les vents de la partie de l'Ouest jusqu'au N. E.; c'est un bon point de relâche pour un navire qui, après avoir doublé Arkona, serait surpris par un coup de vent d'Ouest qui l'empêcherait de continuer sa route. Tout le pourtour de la baie est sain, la sonde donnant 5^{m}5 et 7^{m}3 de fond à 2 et 3 encablures de la terre; au Nord devant la pointe Sud de Jasmund et au Sud devant Granitzerort, le fond augmente rapidement, et il y a 18 mètres d'eau à 1 mille; mais il est moins en talus, et on ne trouve les sondes de 18 mètres qu'à une distance de 4 milles à 4 milles $\frac{1}{2}$, lorsqu'on est vers le milieu de la baie. Un fait assez remarquable, et dont on devra tenir compte, c'est qu'après quelques sondes de 18 mètres devant la baie Prorer le fond diminue doucement en allant vers le banc Oder.

MOUILLAGE. — On mouille dans la baie sous la côte S. E. de Jasmund, par 12 à 14 mètres, fond de vase. En relevant le village de Crampas au N. 28° E. et à $\frac{3}{4}$ de mille de la terre, on sera bien abrité des vents de l'Ouest au Nord et jusqu'au N. N. E. Pour être à l'abri des vents de S. O. on mouillera plus au Nord, devant le village de Sassnitz, par 9 à 10 mètres de fond, et enfin partout le long des hautes falaises de la presqu'île, jusqu'au Sud de la ligne par laquelle on relève la pointe Arkona par la pointe Königstuhl, extrémité N. E. de Jasmund, où il faut écarter la terre à $\frac{1}{4}$ de mille pour éviter le rocher Jasmund.

Le **rocher Jasmund** est un petit plateau de roche qui gît à 1 mille dans le S. E. de Königstuhl et à 3 encablures $\frac{1}{2}$ de la terre la plus voisine. Il y a $2^m 1$ de fond dessus; il est accore tout autour : ainsi on trouve $7^m 3$ de fond en dedans et $9^m 1$ à très-petite distance dans l'Est. Quand on est dessus, on relève la pointe Königstuhl au N. 52° E., Tiperort au S. 10° O. et le Collicker Strand à l'O. 20° S. Ce banc est signalé ordinairement par une perche avec une croix. On en passe dans l'Est en tenant Arkona bien ouvert par Jasmund.

La **BAIE TROMPER**, comprise entre Jasmund et Wittow, a 6 milles d'ouverture du N. O. au S. E.; elle s'enfonce de 4 milles vers l'Ouest, et elle est exposée aux vents de N. E., mais bien abritée des vents de la partie de l'Ouest jusqu'au Nord. Les bancs qui bordent la côte au Sud du récif Arkona ne vont pas à plus de 2 encablures jusqu'aux fonds de $5^m 4$; devant Nobbin ils vont à $\frac{1}{2}$ mille. Plus au Sud la baie est plus malsaine, et il y a de la roche partout où les sondes sont au-dessous de 9 mètres. On mouille ordinairement dans le Sud du cap Arkona, à $\frac{1}{4}$ de mille de la terre, devant le village de Witte, et par des fonds de $7^m 3$ à 9 mètres. Ce mouillage est abrité de tous les vents par le récif qui s'étend dans le N. E. de la pointe, excepté de ceux du Sud et de l'Est. Comme la plage est malsaine dans cette partie. il faudra bien suivre le canal pour pouvoir descendre à terre à Witte avec un canot. Il y a généralement une forte houle dans la partie de la baie située plus au Sud; on pourrait cependant mouiller sous la côte Sud de Wittow en relevant le village de Goor au Nord et le moulin de Nobbin au N. 69° O.: on serait ainsi à 6 encablures de la terre et par des fonds de 10 mètres, sable. Mais il est très-difficile d'appareiller de ce mouillage si les vents soufflent avec violence de l'Est ou de l'E. S. E.

Récif Arkona. — Un récif de roche qui termine la pointe Est de la presqu'île Wittow s'étend en forme de triangle en face du fort Klüsser et à $\frac{1}{2}$ mille environ de la côte. A cette distance on trouve 5ᵐ 5 de fond, 7ᵐ 3 à $\frac{2}{3}$ de mille plus au large; puis le fond augmente très-rapidement, et il y a 18 mètres, fond de vase, à 1 mille $\frac{1}{3}$ de la terre.

Balises. — Pour indiquer la direction de ce récif et la distance à laquelle il s'étend au large de la côte, on a placé deux balises à terre : l'une est sur le mur des fortifications d'Arkona et l'autre en dedans du fort; la plus en dedans est surmontée d'un panier rond peint en noir, et l'autre, d'un parallélogramme rouge. En allant dans la baie Tromper, et si le navire cale plus de 3ᵐ 7, on ne devra approcher de la terre que jusqu'au point où les sommets des deux balises paraîtront dans le même alignement. On sera trop près si la balise carrée paraît plus élevée que la ronde, et on devra venir plus au large immédiatement.

PHARE. — Sur l'extrémité N. E. de la presqu'île Wittow, par 54° 40′ 54″ N., 11° 5′ 55″ E., on a construit une tour carrée de 21 mètres de hauteur, rouge avec dôme brun; elle montre un feu fixe *blanc* et *rouge*, élevé de 61ᵐ 9 au-dessus du niveau de la mer et visible de 21 milles avec une atmosphère claire; il est *blanc* entre le S. O. et le S. E. pour le Nord, et *rouge* entre le S. E. et le S. O. par le Sud, dans la baie Tromper.

Stations de sauvetage. — Il y a sur l'île Rügen un bateau de sauvetage et un appareil à fusées à Putgarden, un bateau de sauvetage et un appareil à fusées à Dranske, et des appareils à fusées à Göhren, à Sassnitz, à Lohme et à Glowe.

LA CÔTE. — La presqu'île Wittow, extrémité N. E. de l'île Rügen, est accore, formée de dunes de sable blanchâtre, entièrement aride et coupée à pic vers la mer. Assez haute au N. O., où est le phare, elle s'abaisse régulièrement vers l'Ouest et vers le S. E. A l'Ouest de Wittow, la côte court au Sud, puis au S. O., pour former avec le Dornbusch la baie au fond de laquelle se trouve l'entrée du canal par lequel on va à Stralsund en venant du Nord. Le Dornbusch est élevé, entièrement aride et coupé à pic vers la mer : la couleur blanche des sables qui le composent en fait un bon amer, que l'on aperçoit d'une grande distance en mer (voir la vue N° 18, planche III). Quand on vient de l'Ouest reconnaître le phare d'Arkona, et quand on est rendu à 10 milles de distance, on voit le Dornbusch et la haute terre de Jasmund par-dessus Wieck ou l'église de Wiik, qui gît sur la partie basse de Wittow. Un peu dans le S. O. on aperçoit un petit morne, et plus loin l'église de Schaproder, avec son clocher élevé, droit dans l'Est du Dornbusch, ainsi que Möen. Au Sud de l'île Hiddensee, la côte se dirige à l'Ouest jusqu'à la pointe Dars, formant une grande baie dans laquelle les terres sont tellement basses qu'on ne peut pas les voir de la mer lorsqu'on en est assez rapproché. En approchant de la pointe Dars, à 3 milles environ dans l'Est du phare, on découvre le village et l'église de Prerow, ainsi que le moulin à vent de Krabbenorts près de la plage. La pointe Dars, qui termine brusquement cette partie de la côte, est basse, très-boisée, surtout dans l'intérieur des terres, et son côté Est est d'une hauteur uniforme. Après la pointe Dars, la terre tourne brusquement au S. S. O., et c'est à 7 milles dans le Sud de la pointe que se trouve la frontière de la Prusse et du Mecklembourg.

BAIE BUG. — Dans l'Ouest de la presqu'île Wittow, entre elle et la pointe Dornbusch, il y a une petite baie bornée au Sud par les basses terres du Bug, entre lesquelles et la presqu'île Alt Bessin, qui se détache à l'Est du Dornbusch, commence le canal qui conduit à Stralsund; la baie s'enfonce 3 milles dans les terres, et on y trouve des fonds de 7^{m}3 à 5^{m}5 au milieu, jusque par le travers de l'extrémité Nord du Dornbusch; mais tout son contour est bordé par un vaste plateau de sable, sur quelques parties duquel il n'y a que 3 mètres et 3^{m}6 d'eau.

Bancs. — En outre, il y a deux bancs isolés dans la partie Nord de la baie. Sur celui qui est dans l'Ouest, avec 5 mètres d'eau dessus, on relève la maison de la poste de Wittow, sur le Bug, au Sud, l'église de Wieck à l'E. S. E. Sur celui de l'Est, avec 4^{m}88 d'eau, on relève l'église de Wieck à l'E. 9° N. et la maison de la poste au S. 12° O. Au Nord et auprès de ce dernier, la sonde donne 6^{m}9, fond de roche.

MOUILLAGE. — On peut mouiller dans le S. O. de la presqu'île Wittow à $\frac{3}{4}$ de mille de la plage et par 8 mètres, fond de sable, sur de l'argile, par le travers de Dranske. On relèvera au mouillage la tour de la maison de la poste, sur le Bug, au S. 13° O. et les maisons les plus Nord de Wieck au S. 87° E. On sera bien abrité contre les vents d'Est au S. E. par le Sud à ce mouillage.

CANAL DE STRALSUND. — C'est au fond de cette baie, entre les bancs qui entourent le promontoire d'Alt Bessin et le Bug, que commence le canal qui conduit à Stralsund, et dans lequel les bâtiments d'un tirant d'eau de 2^{m}4 peuvent seuls passer. Son embouchure est balisée par une bouée rouge avec pavillon en fer-blanc mouillée au point où l'on relève le moulin à vent qui est près de Kloster sur la partie S. O. du Dornbusch à l'O. 8° N., visible par la coupée la plus Sud de cette haute terre, et la tour de la maison de la poste au Sud, à $\frac{3}{4}$ de mille.

Ce canal traverse la baie Witte, la baie Schaproder, le Gellen Ström et le Fahrwasser de Stralsund : il est excessivement étroit et sinueux jusqu'à la baie Schaproder, au Sud de laquelle il s'élargit; sa profondeur moyenne est de 3^{m}45, mais il y a souvent des ensablements.

On est guidé vers l'entrée du canal par le Dornbusch de l'île Hiddensee, et en approchant par la maison de la poste de Wittower, sur laquelle il y a une petite tour, par le mât de pavillon qui est auprès et par le clocher de Schaprode. La maison de la poste et celles des pilotes qui sont auprès sont les seules constructions que l'on voie sur cette moitié Sud, aride et plate, du Bug. Le clocher de Schaprode a une flèche aiguë; il est entouré de constructions, avec un bois sur la gauche.

INSTRUCTIONS. — Pour aller à Stralsund par ce canal, et quand on a reconnu la terre, il faut gouverner sur le milieu, entre Dornbusch de l'île Hiddensee [1] et le Bug de la presqu'île Wittow. En suivant cette route on veillera le clocher pointu de la tour de l'église de Schaprode, et quand on le verra on le tiendra au S. 6° 35′ O. jusqu'à ce qu'il arrive à être exactement par le côté Ouest de la tour de la maison des pilotes située sur la pointe Sud du Bug, près de la maison de la poste; on les tient alors l'un par l'autre, et cet alignement conduit près de la tonne de la passe, qui est *rouge* avec un mât et un pavillon. En continuant à suivre cette route, on arrive aux tonnes de l'entrée du septième canal, dont on laisse les quatre *noires* à tribord et les quatre *blanches* à bâbord, en faisant route entre elles. La profondeur moyenne de l'eau dans le canal est de 3^{m}45, mais il y a souvent des ensablements. Ce canal est assez large pour mouiller avec un petit navire (court), mais en veillant bien un banc de sable blanc qui est à son côté Est, et qui n'est pas balisé, parce que sa position est facile à reconnaître à la couleur plus claire de l'eau. On laisse à bâbord l'île Neue Bessin, qui est très-aride, et dont on peut passer aussi près que la prudence le veut, en veillant le fond à l'œil.

[1] Il faut observer qu'outre le morne de sable élevé et clair situé sur la partie Nord de l'île Hiddensee, qui est parfaitement visible, et nommé Bakenberg, on aperçoit sur Wittow, entre Arkona et le poste des pilotes, une autre colline de sable appelée aussi Bakenberg, mais qui est moins élevée et d'une couleur sombre. On la laisse à 2 milles sur bâbord en allant prendre le canal.

Ordinairement, le pilote attend les navires en dehors de la tonne extérieure; mais s'il vente un coup de vent de Nord, on trouvera le bateau des pilotes qui louvoiera entre les tonnes du canal, et il conduira le navire plus en dedans en le précédant à la voile; il est indispensable d'en prendre un à bord pour traverser les six autres canaux étroits et balisés qui conduisent à Stralsund.

PILOTES. — On trouve des pilotes sur le Bug, et l'on voit leurs habitations auprès de la maison de la poste, ainsi que leur mât de pavillon. Lorsque les eaux sont trop basses pour qu'un navire d'un tirant d'eau de 2^{m}4 puisse donner dans la partie du canal qui passe auprès de la maison de la poste, on hisse le pavillon de pilote à mi-mât.

MOUILLAGE. — En entrant dans la baie avec les alignements que nous avons donnés pour venir reconnaître la bouée blanche et noire qui signale le canal, le fond diminuera de 5 mètres à 3^{m}6, brassiage que l'on a lorsqu'on est arrivé à l'entrée du canal. Si l'on était contrarié par les vents, ou pour prendre un pilote, on pourrait mouiller quand on serait rendu sur les sondes de 5^{m}4 : ce mouillage est sûr et abrité de tous les vents, excepté de ceux du Nord; le N. N. E. y soulève une grosse mer, néanmoins la tenue est si bonne que l'on peut y étaler avec ces vents. En mouillant par plus de 5^{m}4 on est bien moins abrité par la terre. On se rappellera, en outre, que la côte de Wittow est plus saine que celle d'Hiddensee, et qu'on pourra au besoin se servir de la sonde pour en approcher. Avec un coup de vent du S. O. les eaux baissent tellement quelquefois, qu'un bâtiment d'un tirant d'eau de 3^{m}6 peut à peine entrer dans le canal; mais ce fait se présente très-rarement.

Courants. — Avec des vents du N. E. ou d'Est, la mer monte sur la côte, surtout si les vents du N. O. ont soufflé auparavant; après un vent du S. O., la mer baisse rapidement de 0^{m}13 à 0^{m}66 au-dessous de son niveau moyen. Les courants, qui dans les mauvais temps peuvent avoir une vitesse de plus de 1 nœud, entrent le plus souvent dans le canal le soir et sortent le matin.

La **ville de Stralsund**, chef-lieu de la régence de ce nom, est bâtie sur une île baignée par la mer et par des étangs: elle communique par trois ponts avec le continent, où sont les trois faubourgs. Sa population est de 26,731 habitants; on y trouve un grand nombre de fabriques, des ateliers de construction de machines, des fonderies de fer et des chantiers de construction. L'île Dänholm, qui est à l'entrée du port dans le Strela sund, est défendue par des fortifications.

et c'est là que se trouvent les établissements de la marine et le port militaire qui sert de station à la flottille des canonnières. On exporte de Stralsund des grains et l'on y importe des fers, des denrées coloniales, bois, chanvre, charbon, sel, drèche. Le mouvement de ce port peut être évalué à 260 navires à l'entrée et autant à la sortie et à 50,000 tonneaux. On y arme 167 navires de 53,378 tonneaux, 2 bateaux à vapeur et 20 caboteurs. En 1871, il y avait 9 navires en construction dans ce port.

On y a établi des services réguliers de bateaux à vapeur pour Putbus, Swinemünde, Stettin, Malmö et Ystad. L'Angleterre, le Danemark, la Suède, la Russie, etc., y ont des consuls.

L'ÎLE HIDDENSEE, qui est au côté Ouest du canal, a 9 milles de longueur du N. N. E. au S. S. O., et sa largeur varie de 1 encablure à 1 mille. Elle est excessivement découpée, élevée au Nord, mais très-plate partout ailleurs, et séparée de l'île Rügen par le Schaproder et le Bitter Bodden. On voit sur l'île les villages de Kloster, avec un couvent, de Witte, avec 350 habitants, et de Neuendorf. L'île se termine au Sud par une pointe basse, entourée par un large plateau de sable avec de très-petits fonds qui sépare les canaux Est et Ouest par lesquels on va à Stralsund. Les habitants d'Hiddensee élèvent du bétail, se livrent à la pêche et fabriquent des toiles.

Bateau de sauvetage. — On entretient un bateau de sauvetage et un appareil à fusées à Kloster, au Nord de l'île Hiddensee.

Le **Dornbusch** ou **Bakenberg**, à l'extrémité Nord de l'île Hiddensee, est une presqu'île de sable élevée de 70 mètres, aride et accore au N. O.; elle termine dans l'Est la grande baie qui s'étend vers l'Ouest jusqu'à la pointe Dars, et elle forme un amer très-remarquable que l'on voit de bonne distance. La côte N. O. de la presqu'île est saine, le banc qui la borde ayant 2 encablures de largeur seulement jusqu'aux fonds de 7^{m}3 d'eau. Il en est de même de la plage Est de l'île, nommée Witterbucht, jusqu'à la hauteur du village de Neuendorf, où les bancs s'étendent à 4 encablures seulement; mais à partir de là ils vont très au large, et se relient au grand plateau qui s'étend au Nord du Bock.

MOUILLAGE. — On pourra mouiller dans le S. O. de la presqu'île Dornbusch, par des fonds d'argile de 7^{m}3, recouverte de sable; étant mouillé on relèvera l'église de Kloster à l'E. 34° N. et les maisons les plus Nord de Witte au S. 62° E. On est bien à l'abri des vents de S. E. et de N. E. à ce mouillage. On pourrait aussi mouiller dans le N. O. du Dornbusch, à 1 mille ½ et 2 milles au large et par 14^{m}6, fond de sable gris.

L'ÎLE ZINGST est très-basse et en grande partie boisée ; elle est séparée de la pointe Dars par la rivière Prerow, et elle s'étend pendant 12 milles dans l'Est, où elle est terminée par un large banc de sable nommé le Bock, qui est toujours à sec ; ce banc se prolonge pendant 5 milles dans l'Est et jusqu'à $\frac{1}{2}$ mille de l'île Hiddensee, avec laquelle il forme l'embouchure du Vierendehler Ström ou canal de l'Ouest, par lequel on va à Stralsund ; il limite aussi au Nord le canal qui conduit au lac Grabow, d'où, en prolongeant la côte Sud de l'île Zingst et celle de la presqu'île Dars, on peut aller à Barth, dans le Barther Bodden, à Damgarten, sur le Saaler Bodden, et à Ribnitz ; mais ce dernier canal ne peut être utilisé que par des bâtiments d'un tirant d'eau de 1ᵐ 8 au plus. Barth, qui compte 5,774 habitants, possède un petit port, 141 bâtiments de 46,382 tonneaux et 137 caboteurs de 5,480 tonneaux ; Damgarten, avec 1,828 habitants, arme 4 bâtiments de 1,130 tonneaux.

Bateau de sauvetage. — On entretient un bateau de sauvetage et un appareil à fusées à Zingst, petite ville de 2,300 habitants, presque tous pêcheurs.

SONDES. — Le banc qui borde au Nord l'île Zingst s'étend à $\frac{1}{2}$ mille au large jusqu'aux fonds de 5ᵐ 4 ; sa largeur augmente en allant dans l'Est, et elle est de 1 mille par le travers de la partie Est de l'île jusqu'aux fonds de 5ᵐ 4 ; de là jusqu'à 3 milles du Dornbusch il s'étend à 3 milles au large ; par le travers du Bock ainsi que de l'île Hiddensee on trouve les sondes de 7ᵐ 32 entre 4 et 7 milles de la terre. Au milieu de la baie, le fond est très-irrégulier, et il varie entre 18, 14ᵐ 6 et 8 mètres le long d'un plateau qui s'étend à 16 milles dans le N. 28° O. du Bock.

BANC PLANTAGENÊT. — C'est sur ce plateau que se trouve le banc Plantagenêt, qui par sa position est très-dangereux pour les grands bâtiments ; il n'y a que 6ᵐ 4 de fond au milieu de ce banc, et il est entouré de plateaux sur lesquels on a 7ᵐ 3 et 9ᵐ 1 d'eau. Étant sur le banc de 6ᵐ 4, on relève le phare d'Arkona à 22 milles dans l'E. 6° N. ; la pointe du Dornbusch au S. 75° E., à 12 milles ; le phare de Darserort au S. 42° 30′ O., à 15 milles, et les hautes terres de Möen au N. 28° 15′ O.

Le **CANAL DE L'OUEST**, par lequel on va à Stralsund, passe entre la pointe Sud de l'île Hiddensee à l'Est, le banc Bock et le Barhöft à l'Ouest ; il prolonge le bord Est du large banc de sable presque à sec qui s'étend au S. q. S. O. de l'île Hiddensee pendant trois milles ou jusque par le travers de Solkendorf, qui est au Sud du Barhöft. Ce canal est étroit, sinueux; il n'y a que 2ᵐ1 d'eau dans les endroits où il est le moins profond et il n'y peut passer que des bâtiments de faible tirant d'eau. Les capitaines feront bien, à cause de cela, par les coups de vent de Nord, de ne pas prendre le Barhöft, mais de tenir la mer et d'attendre que le temps soit meilleur. Si on se trouvait surpris par le mauvais temps dans le voisinage de cet endroit, on pourra se tenir sous voiles, ou mouiller dans l'Ouest de l'île Hiddensee par une profondeur convenable, selon qu'on le jugerait préférable dans l'intérêt du navire.

INSTRUCTIONS. — Les bâtiments de 1ᵐ8 à 2ᵐ1 de tirant d'eau peuvent cependant, quand ils se trouvent en danger, entrer dans ce canal sans pilote. Dans ces circonstances on doit chercher à distinguer les clochers de Stralsund, qui paraissent bien distincts dans le S. 9° E. quand on est devant la passe de Barhöft; on verra pareillement la tour très-reconnaissable de l'église de Barth à l'O. 38° S.; en approchant avec ces amers on aperçoit l'église Saint-Nicolas de Stralsund par l'arbre des pilotes, qui restent l'un par l'autre quand on les relève au S. 9° E.; on fait route alors sur ce dernier alignement et l'on arrive ainsi près d'une tonne *rouge* pointue dont on peut passer des deux côtés. A 200 mètres environ dans le S. E. q. E. de celle-ci il y a une tonne *blanche* qui signale une épave et qu'on laisse à bâbord. On voit ensuite une autre tonne *blanche* et une tonne *noire* ; on laisse la première à bâbord et la dernière à tribord. Rendu là, il est probable que l'on verra un bateau-pilote croiser sous voile de l'avant; il fera des signaux d'après lesquels on gouvernera, et il conduira le navire en le précédant jusque sur la rade de Barhöft.

Quelquefois la profondeur de l'eau dans l'entrée de ce canal est de 2ᵐ5 ; mais il peut y avoir 0ᵐ31 en plus et en moins.

Le **PHARE DE DARSERORT** est par 54° 28′ 23″ N., 10° 10′ 1″ E., à 220 mètres de la plage, sur un morne de la partie Est de la presqu'île de ce nom ; la tour, qui a 33 mètres de hauteur, est ronde, peinte en rouge, avec un dôme noir. Ce phare montre deux feux verticaux placés dans une même tour et à 20ᵐ4 de distance l'un de l'autre.

Le **feu supérieur** est dioptrique *tournant blanc* de *minute* en *minute* (*éclat, 3o secondes; éclipse, 3o secondes*); il est élevé de 35ᵐ40 au-dessus de la mer, et avec une atmosphère claire on pourra le voir d'une distance de 16 milles sur tout l'horizon. A moins de 6 à 8 milles on voit toujours une faible lumière entre les éclats.

Le **feu inférieur** est au côté N. O. de la tour : il est *fixe blanc*, élevé de 12ᵐ60 au-dessus du niveau de la mer, et avec une atmosphère claire on pourra le voir d'une distance de 12 milles dans un angle de 50° ou de l'O. 10° S. au N. 60° O. Ce feu a principalement pour but de faire éviter les bancs dangereux qui sont devant la pointe Gjedser, et qui s'étendent à 6 milles dans le S. 37° E. de cette pointe; il faut passer en dedans de son cercle de lumière pour éviter les bancs.

Récif Darserort. — La pointe Dars est terminée par un récif qui s'étend dans l'Est et sur lequel il y a 1^{m}8 de fond pendant $\frac{1}{2}$ mille, 2^{m}7 à 3^{m}7 pendant $\frac{3}{4}$ de mille, puis un plateau de 7^{m}3 et quelquefois plus pendant un espace de 4 milles environ. Ce récif est accore dans le Nord auprès du feu, mais partout ailleurs la pente du fond est assez régulière pour que l'on puisse en approcher avec la sonde; cependant on devra ne s'approcher de la pointe que par des fonds de 12 à 14 mètres au plus.

Le **banc Prerow** est situé près de l'extrémité extérieure de ce plateau; il a 2 milles de longueur du N. O. au S. E. et 1 mille de largeur. On trouve dessus des fonds de 4^{m}6, 3^{m}7 et 1^{m}4 dans la partie la moins profonde. Il y a 4^{m}5 de fond à son extrémité Nord, qui gît au point où l'on relève la pointe Dars à l'O. 34° S. et l'église de Prerow au S. 8° O. Son extrémité Est gît dans les relèvements suivants : le moulin de Zingst un peu dans l'Ouest du moulin de Müggenbourg au S. 36° E., et de sa pointe Sud, sur laquelle il y a 4^{m}5, on relève la pointe Dars à l'O. 6° N. et l'église de Prerow au S. 36° O.

Balises. — Trois balises signalent la ligne des fonds de 10 mètres du banc Prerow : une balise avec deux balais est sur le bord Nord du banc, à 4 milles $\frac{2}{10}$ dans l'E. N. E. du phare de Darserort; une balise avec trois balais est sur le côté Est du banc, à 4 milles $\frac{7}{10}$ dans l'E. $\frac{1}{2}$ N. du phare; enfin une balise avec un balai est à 1 mille $\frac{9}{10}$ dans le N. 65° E. du phare et sert à signaler l'extrémité du récif de sable qui s'étend de la pointe Dars vers l'Est.

MOUILLAGE. — Il y a au Sud de ce banc une baie profonde dans laquelle on trouve plus de 7^{m}3 de fond, et où on pourra mouiller à l'abri du banc; on laissera tomber l'ancre par des fonds de 8 à 9 mètres, sable fin et gris, et en relevant l'église de Prerow au S. 33° O. et la pointe Dars à l'Ouest. Pour aller prendre ce mouillage, quand on viendra du Nord, on courra sur l'église de Prerow, que l'on tiendra entre le S. S. E. et le Sud jusqu'à ce que la pointe Dars reste dans l'O. q. S. O.; on fera alors le S. 72° E. en sondant souvent et jusqu'à ce que l'on soit par le travers et au Sud du banc. En venant de l'Est on relèvera l'église de Prerow au S. 37° O.,

Page 70 :

Un bâtiment a coulé à 4 milles à l'O. N. O. de la pointe Dars, par 14 mètres d'eau : on y relève le phare de Darserort à l'E. S. E. et l'église de Wustrow au S. q. S. E; l'épave a le cap au Nord. On a placé un pavillon *vert* sur un mâtereau élevé de 3^m 8 au-dessus du niveau de la mer, et un balai rond à 0^m 30 au-dessous du pavillon. Le sommet du grand mât est cassé au ras de l'eau.

et en courant sur ce relèvement on ira au mouillage, en veillant un plateau sur lequel il n'y a que 5ᵐ5 de fond et qui gît à mi-distance entre les accores S. E. du banc et la plage.

Bateau de sauvetage. — On entretient un bateau de sauvetage avec un appareil à fusées à Prerow et un appareil à fusées à Darserort.

INSTRUCTIONS. — Les bâtiments partant de l'entrée Sud du Sund ou du bateau-feu de Falsterbö, mouillé à l'extrémité Sud du récif qui entoure la pointe Falsterbö, pour se rendre dans les ports de la côte de Prusse passent généralement au Sud de l'île Bornholm.

Passer au Sud de Bornholm. — En partant du bateau-feu de Falsterbö, on gouverne au S. 44° E. pendant 50 milles environ ; on passe ainsi à 9 ou 10 milles au Nord du phare à feu *fixe* d'Arkona, que l'on contourne, et jusqu'à le relever à 12 milles environ dans l'O. 4° N. et le cap Jasmund au S. 40° O. ; en suivant cette route, si les vents sont au Nord ou au N. E., il faudra tenir compte des courants, afin de ne pas être drossé vers les Belts ou dans la baie de Mecklembourg.

Étant dans les relèvements ci-dessus et par 31 à 32 mètres d'eau, on viendra à l'E. 4° S. pour passer dans le canal entre les bancs Adler et Oder ; quand on aura fait 10 milles sur cette route, la sonde accusera 22 à 23 mètres d'eau, 32 mètres à 6 milles plus loin, et le même fond ou variant entre 29 et 32 mètres pendant 12 milles ; après quoi le brassiage augmentera à 37 et 43 mètres. Si, pendant que l'on fait les trois ou quatre derniers milles, on a 36 à 43 mètres d'eau, on est trop au Nord de la route et près du banc de Rönne ; si, au contraire, les fonds varient de 21 à 23 mètres, on est trop près des bords Nord du banc Oder. Si on louvoyait dans le canal entre les bancs, et si l'on était à peu près sûr de la position du navire, on pourrait peut-être reconnaître avec la sonde quand on serait près des bancs, en se rappelant que le banc Adler est accore, surtout dans le S. E. Il faudrait aussi se défier des courants, dont la direction dépend essentiellement de celle du vent, et dont la vitesse est quelquefois un empêchement pour les navires qui louvoient.

Quand on a couru 30 milles à partir des relèvements ci-dessus, on a paré les bancs, et l'on peut faire route pour l'un des ports qui sont au Sud de la mer Baltique.

Si l'on va à Danzig ou à Pillau, la route est l'E. 7° N., pour aller reconnaître les phares de Rixhöft : on passera ainsi en dedans du banc Stolpe, décrit page 36, que l'on évitera en restant par des sondes de

24 mètres au moins quand on sera par le travers du phare de Jershöft; pendant la nuit, gardez la lumière du feu en vue. Quand on aura pris connaissance des phares de Rixhöft, on manœuvrera comme il est dit page 24 si l'on va à Danzig et page 16 pour Pillau.

Si l'on va à Memel, la route est l'E. 20° N. pendant 70 milles jusqu'à ce que l'on ait doublé au Nord le banc Stolpe, puis l'E. 16° N. jusqu'à Memel.

Passer au Nord de Bornholm. — En partant du bateau-feu de Falsterbö, on gouverne à l'Est sur la pointe Nord de Bornholm : on passe ainsi à 5 ou 7 milles de la côte, que l'on prolonge jusqu'à la pointe Sandhammaren. Cette partie de la route est saine. Si les vents sont au Nord, on peut se rapprocher de la terre, où l'on aura la mer belle, mais en écartant toutefois les récifs de Trälleborg et d'Ystad. Pendant la nuit, ou avec de la brume, on éviterait tous les dangers, si l'on était près de la terre, en n'allant jamais par moins de 22 mètres de fond. Avec des vents contraires et mauvais temps on pourrait mouiller sous l'abri de la pointe Sandhammaren.

Avec les phares de Sandhammaren et de Bornholm, il est facile, le jour et la nuit, d'aller prendre le passage qui sépare ces deux points.

Pour la côte qui est au Sud de la pointe Dars, voir le Pilote des Sunds et des Belts (N° 508) publié en 1873 par le Dépôt des cartes et plans de la marine, et dans lequel on trouvera toutes les instructions nécessaires pour traverser le Sund, les Belts et le Kattégat.

INDEX ALPHABÉTIQUE.

A

F

G

H

I

J

K

T

U

V

W

Z

[illegible]

[illegible]

V. 1   [illegible]

[illegible] Nord [illegible]

V. 2   [illegible]

[illegible]

V. 3   [illegible]

Série [illegible] Nord E[illegible]

V. 4   [illegible]

[illegible] près de Zermatt

V. 5   [illegible]

Série No 4   [illegible] de Nancy

V. 6   [illegible]

[illegible]ement [illegible] villes

V. 7   [illegible]

[illegible] Côte près de Pallet

V. 8   [illegible]

Rade de Swineof
La Côte près de Rixhoeft
Suite du N° 10
La Côte près de Stolpemünde
Panorama de Rügenwalde en venant du Nord
La Côte entre Heyenerhde et Colberg
La Côte près le Bras de Dammerow entre Swinhoft sur Wollin et Arcona de Rügen

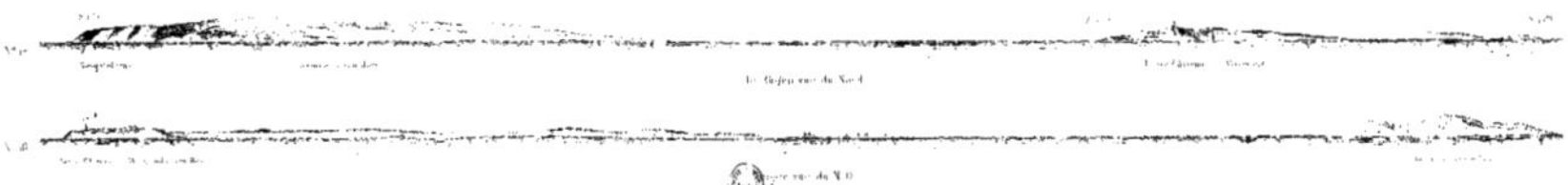

les Chéfaux vus du Nord

vus du N.O.

9 782014 464184